Marketing político
e eleitoral

inter
saberes

Marketing político e eleitoral

Carolina Almeida de Paula
Paulo Loiola Teixeira

Rua Clara Vendramin, 58 . Mossunguê . CEP 81200-170 . Curitiba . PR . Brasil
Fone: (41) 2106-4170 . www.intersaberes.com . editora@intersaberes.com

Conselho editorial
Dr. Alexandre Coutinho Pagliarini
Drª Elena Godoy
Dr. Neri dos Santos
Mª Maria Lúcia Prado Sabatella

Editora-chefe
Lindsay Azambuja

Gerente editorial
Ariadne Nunes Wenger

Assistente editorial
Daniela Viroli Pereira Pinto

Preparação de originais
Ana Maria Ziccardi

Edição de texto
Letra & Língua Ltda. – ME

Capa
Iná Trigo (*design*)

Projeto gráfico
Bruno de Oliveira

Diagramação
Mango Design

Iconografia
Regina Claudia Cruz Prestes
Sandra Lopis da Silveira

Dados Internacionais de Catalogação na Publicação (CIP)
(Câmara Brasileira do Livro, SP, Brasil)

Paula, Carolina Almeida de
  Marketing político e eleitoral / Carolina Almeida de Paula, Paulo Loiola Teixeira. -- Curitiba, PR : InterSaberes, 2023.

  Bibliografia.
  ISBN 978-85-227-0793-5

  1. Campanha eleitoral – Brasil 2. Eleições – Brasil 3. Marketing político 4. Votos (Eleições) – Brasil I. Teixeira, Paulo Loiola. II. Título.

23-169019   CDD-324.7

Índices para catálogo sistemático:
1. Marketing político : Ciência política 324.7
  Eliane de Freitas Leite – Bibliotecária – CRB 8/8415

1ª edição, 2023.

Foi feito o depósito legal.

Informamos que é de inteira responsabilidade dos autores a emissão de conceitos.

Sumário

Gostaríamos de agradecer à Francieli Manginelli pelo empenho e pela dedicação na assistência de pesquisa para a execução desta obra.

Apresentação

O planejamento da campanha eleitoral é uma etapa decisiva que envolve a definição de metas claras, a identificação de eleitores-alvo, o mapeamento de territórios eleitorais e o estabelecimento de estratégias de comunicação eficazes. Além disso, é importante considerar a elaboração de um cronograma detalhado, que inclua todas as atividades, desde a pré-campanha até o dia da eleição.

As eleições têm se tornado cada vez mais complexas e competitivas, exigindo que os profissionais de marketing político e eleitoral adotem estratégias avançadas para alcançar o sucesso. Nesse contexto, este livro objetiva mostrar ao leitor a relevância dos elementos técnicos e das abordagens baseadas em dados para otimizar as campanhas e aumentar as chances de vitória.

Para alcançar esse objetivo, o livro está dividido em duas partes. A primeira é composta por três capítulos que reúnem conhecimentos e técnicas oriundos da ciência política e da comunicação aplicadas ao exercício do marketing político e eleitoral. A segunda parte é composta por quatro capítulos que formam um guia para iniciar o planejamento estratégico de uma campanha política, ações para a preparação da corrida eleitoral, como fazer a captação de recursos e recomendações gerais para o trabalho do marketing político e eleitoral.

Escrevemos o livro com o objetivo de ser um referencial de orientação para profissionais que desejam trabalhar com campanhas políticas, como candidato ou ocupando postos de decisão em uma campanha. Especialistas em marketing, comunicação, pesquisa e análise de dados podem fornecer orientação especializada e ajudar a implementar as estratégias mais adequadas para a campanha. Esses profissionais também podem auxiliar na criação de mensagens persuasivas, no gerenciamento de crises e na análise constante dos resultados, garantindo que a campanha esteja em sintonia com as demandas do eleitorado.

No decorrer dos capítulos, demonstraremos todas as etapas necessárias para a organização de uma campanha, bem como variados saberes fundamentais que se modificaram com o passar dos anos de nossa democracia e se atualizam a cada eleição.

No Capítulo 1, apresentamos uma reconstrução do processo evolutivo da relação entre o marketing e a política. Desde a "criação" do marketing político, no século passado, muita coisa mudou. De modo particular, destacamos as alterações do processo comunicativo, um dos pilares do tema em estudo. Ainda, evidenciamos os motivos para que o marketing político e o eleitoral tenham se tornado cada vez mais conectados.

No Capítulo 2, tratamos das três principais teorias do voto. Acreditamos que um profissional de marketing político precisa obter conhecimentos teóricos interdisciplinares. A Ciência Política e várias outras disciplinas se debruçam sobre essa tarefa há anos, e é notório que se trata de uma construção de saber permeada por fatores diversos, que mudam temporal e contextualmente, englobando diversos sentidos (desde emocionais até racionais).

Fechando a primeira parte do livro, no Capítulo 3, examinamos os principais tipos de pesquisas mais adequados para guiar as estratégias de marketing. Abordamos as pesquisas como o "GPS" da atividade da equipe de marketing. Adiantamos que, para tomar decisões assertivas, não basta seguir o *feeling* do melhor marqueteiro, mas também é fundamental construir uma bússola alçada em elementos científicos sólidos.

Abrindo a segunda parte do livro, no Capítulo 4, tratamos do planejamento estratégico. O mercado da política está em progressiva expansão e cada vez mais especializado, adotando esse planejamento como ferramenta constante para tomada de decisões. Por isso, quem tem formação profissional na área tem se diferenciado na hora de ocupar as diversas funções no setor, que não se resumem aos cargos eletivos, mas também envolvem as atividades da política institucional. Como exemplo, verificamos que a formação profissional para a prática da política abrange funções como a estruturação e a organização dos partidos, o manejo de contas partidárias e eleitorais, a organização e promoção de campanhas e a atuação parlamentar, seja como assessor, seja como legislador.

O tema do Capítulo 5 abrange os recursos de que candidatos e partidos dispõem para despesas que vão desde o custeio, como pagamentos de serviços, passagens aéreas e de pessoal, até os investimentos nas campanhas eleitorais. Também explicamos como planejar os gastos.

Na sequência, no Capítulo 6, demonstramos que o processo de reunir apoios é estratégico nas campanhas e há medidas que precisam ser adotadas tanto nas ruas quanto no ambiente *on-line*. A mobilização envolve ainda o treinamento dos voluntários, um importante ativo de qualquer campanha. Ainda apresentamos dicas e técnicas do marketing de conteúdo desenvolvidas para criação e distribuição de conteúdo relevante, como artigos, *e-books* e *posts* nas redes sociais digitais.

No Capítulo 7, o último do livro, abordamos a gestão da equipe. Gerir uma equipe envolve decisões que vão desde a escolha dos profissionais capacitados para desempenhar as diferentes funções em uma campanha eleitoral até o desenvolvimento de um ambiente de sinergia, no qual todos os colaboradores são alinhados com os objetivos dos candidatos. O primordial é aproveitar o que cada profissional tem a oferecer conforme as respectivas habilidades, para formar equipes de perfis totalmente diferentes, mas complementares.

Acreditamos que o marketing político e eleitoral engendra um organismo altamente complexo de atores e instituições, dotado de transformações que acompanham a sociedade. Assim, um profissional da área precisa se manter sempre atualizado e disposto a colocar a mão na massa. Este livro é apenas o primeiro passo dessa jornada!

Como aproveitar ao máximo este livro

Empregamos nesta obra recursos que visam enriquecer seu aprendizado, facilitar a compreensão dos conteúdos e tornar a leitura mais dinâmica. Conheça a seguir cada uma dessas ferramentas e saiba como estão distribuídas no decorrer deste livro para bem aproveitá-las.

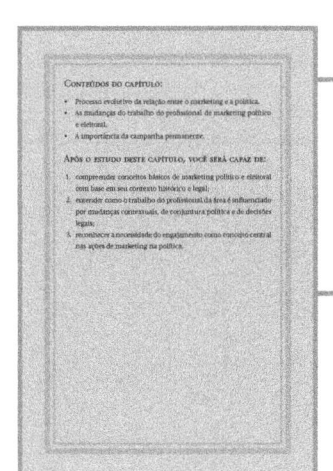

Conteúdos do capítulo:

Logo na abertura do capítulo, relacionamos os conteúdos que nele serão abordados.

Após o estudo deste capítulo, você será capaz de:

Antes de iniciarmos nossa abordagem, listamos as habilidades trabalhadas no capítulo e os conhecimentos que você assimilará no decorrer do texto.

Importante!

Algumas das informações centrais para a compreensão da obra aparecem nesta seção. Aproveite para refletir sobre os conteúdos apresentados.

Para saber mais

Sugerimos a leitura de diferentes conteúdos digitais e impressos para que você aprofunde sua aprendizagem e siga buscando conhecimento.

Síntese

Ao final de cada capítulo, relacionamos as principais informações nele abordadas a fim de que você avalie as conclusões a que chegou, confirmando-as ou redefinindo-as.

Questões para revisão

Ao realizar estas atividades, você poderá rever os principais conceitos analisados. Ao final do livro, disponibilizamos as respostas às questões para a verificação de sua aprendizagem.

Questões para reflexão

Ao propor estas questões, pretendemos estimular sua reflexão crítica sobre temas que ampliam a discussão dos conteúdos tratados no capítulo, contemplando ideias e experiências que podem ser compartilhadas com seus pares.

Capítulo 1

Introdução ao marketing político e eleitoral

Carolina Almeida de Paula

CONTEÚDOS DO CAPÍTULO:

- Processo evolutivo da relação entre o marketing e a política.
- As mudanças do trabalho do profissional de marketing político e eleitoral.
- A importância da campanha permanente.

APÓS O ESTUDO DESTE CAPÍTULO, VOCÊ SERÁ CAPAZ DE:

1. compreender conceitos básicos de marketing político e eleitoral com base em seu contexto histórico e legal;
2. entender como o trabalho do profissional da área é influenciado por mudanças contextuais, de conjuntura política e de decisões legais;
3. reconhecer a necessidade do engajamento como conceito central nas ações de marketing na política.

Antigos manuais costumam definir o *marketing político* como um conjunto de técnicas e ferramentas que buscam amplificar e tornar públicas as atividades desenvolvidas por um detentor de cargo público eletivo. A ideia que o embasa é a potencialização da (boa) imagem para um público estendido. O marketing eleitoral seria uma subespécie do marketing político, mas com uma temporalidade específica, a campanha eleitoral. Nesse caso, as ferramentas e técnicas teriam como motivação o convencimento de uma fatia da população que se identificará com o "produto" do marketing eleitoral, ou seja, os candidatos. Há, em ambos, um elemento de racionalização das práticas em ações estratégicas buscando como finalidade maximizar o trabalho de determinado político e/ou candidato. Explicaremos, neste capítulo, por que se trata de uma versão desatualizada da área e os motivos que levam a isso.

(1.1)

Conceitos básicos

O estudo do marketing político e eleitoral levará o leitor a encontrar uma variedade de definições, fazendo com que surjam ainda mais dúvidas do que definições. Trata-se de um problema inerente ao conceito e à atividade, pois, como destacaremos adiante, a tendência no mercado profissional da política é mesmo de conexão entre ambos.

É importante ressaltar que, ao trabalharmos com definições conceituais geralmente fluídas, emergem analogias entre o marketing político e eleitoral ao marketing de produto em seu sentido mais genuíno – o de consumo, venda e público-alvo –, o que até pode ser um ponto de partida interessante, mas que deixa muito limitada a concepção do marketing político e eleitoral, afinal a política e o poder não são produtos de supermercado. Essa é uma concepção bastante ultrapassada do marketing político e das campanhas eleitorais.

O *marketing político* pode ser definido, em linhas gerais, como os procedimentos técnicos que visam conhecer o eleitorado e atingi-lo de um modo que amplie a percepção positiva do político/candidato em determinado público. A literatura especializada identifica que o início de seu uso profissional foi na década de 1950 e, desde então, passou a fazer parte do universo da política, seja em momentos eleitorais, seja nos interstícios eleitorais.

As pesquisas de opinião consistem em um importante elemento do campo; elas tiveram expansão a partir da década de 1940 e foram fundamentais para o aperfeiçoamento da atividade (Merton, 1987).

Figueiredo (2000, p. 12) destaca que o marketing político envolve três eixos: "1) a imagem dos candidatos, dos partidos políticos e dos adversários; 2) elementos psicológicos dos eleitores; 3) acompanhamento do processo eleitoral".

(1.2)

AS MUDANÇAS DO MARKETING E O IMPACTO NAS CAMPANHAS ELEITORAIS[1]

Como ponto de partida, é importante entendermos o marketing e sua evolução, ou estágios, como processos dinâmicos, assim como as campanhas. O profissional interessado em atuar nesse ramo precisará abandonar antigas receitas para conquistar o envolvimento do público e do eleitorado. É valido apontar que uma noção mais geral

---

1   *As duas primeiras seções deste capítulo foram parcialmente elaboradas em trabalho anterior da autora, tendo sido atualizadas e aperfeiçoadas para a presente obra. Ver em Paula (2021).*

de marketing político como aperfeiçoamento da imagem e busca da atenção popular é uma essência da política.[2]

Foi durante a segunda revolução industrial que nasceu o designado *marketing 1.0*, ou *marketing de massa*[3]. Nesse momento, havia um padrão vertical, unilateral e sem troca de informações, por conseguinte, sem foco na personalização e nas necessidades dos consumidores (Paula, 2021).

Uma frase bastante citada sobre esse momento, que, supostamente, seria de Henry Ford, exprime a ideia: O cliente pode ter um carro pintado com a cor que desejar, contanto que seja preto.

Segundo Paula (2021, p. 499):

o período inicial se estendeu até os anos de 1980, quando emerge o marketing 2.0, transferindo o foco do produto para o consumidor, com a finalidade de oferecer respostas às suas necessidades e desejos. Pode ser sintetizada em outra frase famosa, de expressão popular: o cliente tem sempre razão. Assim, nos anos 90, os consumidores querem que tanto produtos quanto serviços sejam personalizados para atender suas necessidades e desejos individuais, os quais mudam constantemente. Nessa fase a predominância comunicativa foi do rádio e da televisão.

No que diz respeito ao marketing político brasileiro, foi nos anos de 1990 que começou a ganhar espaço, nas campanhas e nas equipes de governo, a atenção com a publicidade audiovisual. No Brasil, o horário gratuito de propaganda eleitoral (HGPE)[4] representou, até pouco tempo atrás, parte fundamental das campanhas, tanto no

---

2   *O clássico* O Príncipe, *do italiano Nicolau Maquiavel, pode ser visto como um exemplo dessa concepção.*

3   *A principal referência deste capítulo para o estudo do marketing é o autor estadunidense Philip Kotler, considerado o pai do marketing moderno.*

4   *Ver mais detalhes sobre o HGPE em Albuquerque; Tavares (2018).*

que tange ao volume de recursos financeiros envolvidos quanto no impacto que esses meios de comunicação, rádio e televisão, tinham na formação de preferências eleitorais para a decisão do voto. A retórica persuasiva da publicidade foi utilizada em larga escala no dia a dia do marketing político. Assistimos, nessa fase, ao auge do trabalho dos grandes marqueteiros, agentes responsáveis pela criação da narrativa e das estratégias dos mais variados partidos políticos.

De acordo com Paula (2021, p. 500):

a concepção do marketing 3.0, por sua vez, sustenta-se na ideia de que os consumidores são definidos por significados culturais. Desse modo, aparecem agrupamentos de consumidores que se unem em torno de valores comuns. Portanto, o esforço de marketing é canalizado para a gestão dessas comunidades, criando afinidades e identidade com a marca. Exemplo máximo desse modelo é a gigante Apple, que não produz apenas produtos, mas significa o sonho de uma comunidade ávida e sempre atenta ao seu próximo lançamento. Seu fundador, Steve Jobs, serve de guia de uma filosofia de vida para seus adeptos, sendo o grande "case de sucesso" de diversos livros de autoajuda, por exemplo.

A concepção de "engajamento", conceito tão importante para a revolução do marketing político que começaria, em 2008, com a campanha de Barack Obama ao principal posto político dos Estados Unidos, emerge com destaque.

De acordo com Gomes et al. (2009), a primeira campanha de Obama estabelece um novo padrão quando dedica considerável quantidade de energia, perícia e recursos em redes sociais digitais. Com isso, consegue gerar uma sofisticada alternativa de comunicação e de relacionamento às redes de comunicação de massa (principalmente a TV) e às redes sociais digitais (comunicação interpessoal). Assim, os usuários tornam-se participantes da campanha.

O impacto no marketing político passou por uma alteração importante no que diz respeito à lógica da emissão, como esquematizamos
na Figura 1.1.

Figura 1.1 – Mudança na lógica de emissão

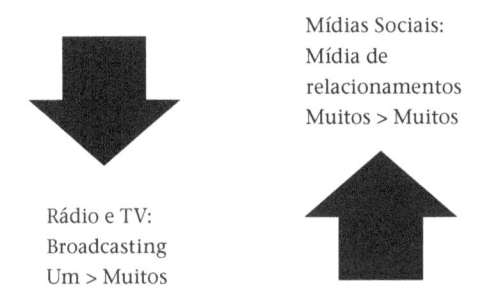

Mídias Sociais:
Mídia de
relacionamentos
Muitos > Muitos

Rádio e TV:
Broadcasting
Um > Muitos

Fonte: Paula, 2021, p. 501.

Com a significativa mudança na lógica da emissão, vimos nascer
o predomínio da chamada *mídia de relacionamentos* (Paula, 2021).
Um arcabouço conceitual importante para demonstrar esse modelo
é oriundo do clássico trabalho do sociólogo Granovetter (1973) e
passou a ser utilizado para entender que existem dois tipos de laços
na sociedade: (1) laços fortes e (2) laços fracos.

Em trabalho anterior, Paula (2021, p. 502) sintetiza o conceito
aplicado ao trabalho do marketing político:

O primeiro tipo de laço, forte, é aquele que liga pessoas a instituições ou
por meio de instituições. Como exemplo citamos os partidos políticos,
as universidades, as igrejas, as empresas, entre outras. Já o segundo tipo
de laço, fraco, é o que une pessoas de modo mais eventual. Como exemplo
citamos as redes de perfis de amigos e conhecidos. Por natureza, a mídia
de relacionamentos é baseada nesse segundo tipo de laços. No que diz

respeito ao trabalho do marketing político, o desafio consiste em transfor-
mar laços fortes em laços fracos, para assim alcançar os eleitores indecisos.
É preciso capacidade da equipe de marketing em fazer o conteúdo político
ser compartilhado, ou seja, "cotidianizar" o discurso político. O funda-
mental é entender que o efeito dessa mídia é agora o engajamento, não
se trata mais da recepção da mensagem como no modelo de TV e rádio.

Até o ano da pandemia de covid-19, o estágio era conhecido como *marketing 4.0*, um desdobramento do modelo anterior, mas plenamente adaptado ao digital. Já o estágio atual, pós-2020 e ainda embrionário no Brasil, é chamado de *marketing 5.0* e utiliza, de modo mais intensivo, o aprendizado de máquinas e as ferramentas de inteligência artificial.

De acordo com Kotler, Kartajaya e Setiwan (2017), o marketing deve adaptar-se à natureza mutável dos caminhos do consumidor na economia digital. É a era do "marketing de conteúdo", ou seja, é preciso consistência e relevância para atrair, envolver e gerar valor, criando uma percepção positiva da empresa. A reputação *on-line* e a interação participativa do usuário conectado são elementos centrais desse modelo.

O papel dos profissionais de marketing é guiar os clientes por sua jornada desde o estágio inicial até tornarem-se defensores ou embaixadores orgânicos da marca. Cresce o papel dos influenciadores digitais, sejam eles já famosos por sua atividade profissional, sejam nativos do meio digital.

Paula (2021) resume o atual estágio em um momento sem filtro ou sem intermediação, ou seja, o meio mudou a forma como a comunicação é feita. Sugere pensar, a título de exemplo, no estilo adotado pelo ex-presidente dos Estados Unidos, Donald Trump, que, desde o planejamento de sua primeira campanha, em 2016, até a gestão de seu mandato, fez uso incessante das redes sociais digitais, em particular, do Twitter. Vejamos uma aplicação ao caso nacional:

> *O presidente Jair Bolsonaro (PL) também partilhava dessa estratégia, fazendo com que seu estilo comunicativo fosse direto com o público, reduzindo a influência do jornalismo e dos jornalistas, os tradicionais gatekeepers[5].Tradicionalmente o marketing político precisou lidar com esse importante ator social. Não é possível afirmar que a mídia tradicional perdeu o seu valor e impacto na chamada "formação da opinião", mas sem dúvidas o lugar prioritário do jornalismo ficou bastante deslocado nos dias de hoje. Um outro aspecto desse atual momento do marketing político digital refere-se à importância e uso de big data para a campanha e gestão dos mandatos.* (Paula, 2021, p. 502)

(1.3)
O MARKETING POLÍTICO NO BRASIL CONTEMPORÂNEO

Em trabalho anterior, Paula (2021) mostra como o Brasil tornou-se "exportador" de marqueteiros. Diversas figuras que coordenaram equipes de marketing político nos pleitos nacionais viram seu passe valorizar nas últimas duas décadas. Para a autora, a centralidade da mídia de relacionamentos, e do digital em geral, colocou em xeque o velho marketing político nas campanhas, essencialmente centrado na disputa televisiva:

---

5   *Também chamada de teoria dos guardiões do portão, em sua tradução literal, diz respeito ao processo de seleção da notícia e envolve também a definição dos critérios do que é notícia, incluindo a decisão do que publicar ou não publicar. Veja mais em Wolf (2003).*

No Brasil, até pouco tempo atrás, havia uma visão bastante generalizada de que um bom marqueteiro, assim como um técnico de futebol, poderia virar o jogo e mudar a história de uma campanha. No pleito municipal de 2016, os analistas previam uma eleição fortemente guiada por dados, com o intenso uso de mecanismos de big data, tal como no modelo de campanha dos ex-presidentes norte-americanos, Obama e Trump. Decretava-se o fim da era dos marqueteiros "bruxos". Outro aspecto importante desse contexto foi o desdobramento de denúncias no âmbito da Operação Lava Jato, em que famosos marqueteiros foram presos por participarem ativamente de esquemas de "caixa 2" dos recursos de campanha. Houve, inclusive, casos de desvios de verbas públicas envolvendo agências de publicidade responsáveis pela comunicação institucional de estados e município. Diante disso, houve uma mudança bastante significativa quanto ao lugar do marketing político e o alto investimento nas peças publicitárias para a televisão. É importante observar que não se trata de afirmar que agora o marketing político perdeu a importância, muito pelo contrário, essa série de eventos narrados exigiram que outro estilo de atuação fosse desenvolvido.
(Paula, 2021, p. 503)

É importante destacar que o ano de 2016 é chave para compreendermos as mudanças no marketing político decorrentes das alterações legais no sistema de financiamento das campanhas:

Pela primeira vez desde o início dos anos 1990 as campanhas não poderiam receber doações de empresas, impactando diretamente nos rumos do marketing político em todo o país. Naquele ano não foram incluídos recursos públicos – afora o tempo do horário eleitoral gratuito no rádio e televisão e o fundo partidário – para suprir essa lacuna orçamentária. O consenso entre políticos e analistas foi de que houve desigualdade, já que os candidatos mais ricos puderam se autofinanciar sem um teto oficial. O então candidato à prefeitura de São Paulo, João Doria (PSDB-SP), por *exemplo, doou R$ 4,4 milhões à própria campanha, 35% do limite de gastos para o cargo na época. Com poucos recursos, um contexto político de incerteza – impeachment da presidente Dilma Rousseff (PT) e forte descrença com a classe política – a eleição passou despercebida. Em 2016 a promessa de uma eleição fortemente orientada por big data, particularmente centrada na rede Facebook, assim como visto nos EUA, ficou apenas na expectativa. Contudo, no que tange ao marketing político assistimos à popularização das ferramentas de social media e social listening para o coração das campanhas.* (Paula, 2021, p. 504)

Já no pleito de 2018, os congressistas, certamente impactados pela escassez financeira da última eleição, aprovaram, por meio da Lei n. 13.487, de 6 de outubro de 2017, o Fundo Especial de Financiamento de Campanha (somando 1,7 bilhão de reais) (Brasil, 2017a).

Além desse montante, que é composto por dinheiro público, estavam liberados os recursos do Fundo Partidário, constituído por 888,7 milhões de reais no ano de 2018, desde que respeitados o emprego de 20% dele para a manutenção das fundações partidárias, responsáveis por atividades de pesquisa e formação política, e 5% para a promoção de mulheres na política (Pinheiro, 2019).

De acordo com Paula (Paula; Feres Júnior, 2019), a campanha de 2018 foi, de longe, a mais cercada de incertezas desde o pleito de 1989. Pelo ângulo legal, houve a estreia de novidades importantes organizando a eleição, derivadas da minirreforma eleitoral estabelecida pelas Leis n. 13.487 e n. 13.488, que foram aprovadas pelo Congresso Nacional em 6 de outubro de 2017 (Brasil, 2017a; 2017b). As principais alterações foram:

1. *A redução do tempo de campanha. Em 2018, foram somente 45 dias, e não mais 90 dias como em 2014;*

2. *O horário eleitoral na televisão e no rádio também diminuiu, de 45 dias para 35. Nas propagandas eleitorais não puderam ser usados efeitos especiais, montagens, trucagens, computação gráfica, edições e desenhos animados;*

3. *Fim das doações de empresas para as campanhas. Os candidatos só poderiam receber dinheiro de pessoas físicas (até 10% dos rendimentos brutos declarados no imposto de renda). Contudo, o candidato pôde autofinanciar 100% de sua campanha;*

4. *Todos os candidatos tiveram um teto para gastar dinheiro na campanha. Candidatos à presidência até R$ 70 milhões, aos governos estaduais até R$ 21 milhões, ao Senado até R$ 5,6 milhões, à Câmara dos Deputados até R$ 2,5 milhões, e candidatos a deputados estaduais até R$ 1 milhão, podendo fazer "vaquinhas" online e em alguns casos havendo diferença proporcional ao eleitorado estadual. A arrecadação só pôde começar após o registro oficial da candidatura;*

5. *Os candidatos e partidos tiveram em 2018 um fundo público para a campanha, com valor aproximado de 1,7 bilhão de reais. Uma pequena parte foi dividida igualmente entre todos os partidos e o restante de acordo com a votação dos partidos e a sua representação no Congresso;*

6. *Os candidatos e os partidos receberam permissão para fazer impulsionamento pago de conteúdo produzido nas redes sociais, sendo vetado o pagamento/impulsionamento por parte de eleitores.* (Paula; Feres Júnior, 2019, p. 149)

Almejava-se que o Facebook tivesse predominância no que diz respeito ao marketing eleitoral, tendo em vista o novo recurso para contratar o "impulsionamento de conteúdo", entretanto o Facebook teve a credibilidade abalada com o escândalo da Cambridge Analytica, em abril de 2018.

O marketing político em 2018[6] no Brasil ficará conhecido como o *ano do WhatsApp*, dada a utilização exitosa pela campanha do então deputado federal Jair Bolsonaro (PL), visto como o "azarão" do pleito presidencial daquele ano. Segundo o argumento de Paula e Carvalho (2018), antes de decretarmos a permanência do "modelo Bolsonaro" de marketing político – fortemente baseado em *fake news* e rápida proliferação *on-line* – em detrimento das demais estratégias tradicionais de marketing político, o efeito dessa estratégia de marketing precisa ser visto com parcimônia. É importante atentar para a existência de um contexto de indignação e cansaço com partidos e políticos tradicionais em 2018, de modo particular, a baixa credibilidade das instituições políticas e políticos. De acordo com esses autores:

> *É consensual que um aspecto relevante da comunicação na campanha presidencial de 2018, em particular adotado pela chapa vencedora, foi a proliferação de conteúdo via o aplicativo de mensagens WhatsApp. Em reportagem divulgada pela Folha de São Paulo, em 18 de setembro de 2018[7], foi revelado um esquema milionário em que empresas – apoiadoras de Bolsonaro – estariam comprando serviços de "disparo massivo" com uso da base do próprio candidato ou bases vendidas por agências de estratégia digital para difamar o candidato do PT, Fernando Haddad. O TSE proíbe esse tipo de ação, contudo, nada fez em termos efetivos para refrear o procedimento. As pesquisas acadêmicas ainda são embrionárias e pouco se sabe sobre o impacto eleitoral da divulgação massiva de fake news por parte da própria equipe de comunicação do candidato vencedor.* (Paula; Carvalho, 2018, p. 154)

---

6   *Ver mais em Moura e Corbellini (2019) e Fratini (2020).*

7   *MELLO, P. C. Empresários bancam campanha contra o PT pelo WhatsApp.* **Folha de S.Paulo**, *18 out. 2018. Disponível em: <https://www1.folha.uol.com.br/poder/2018/10/empresarios-bancam-campanha-contra-o-pt-pelo-whatsapp.shtml>. Acesso em: 7 ago. 2023.*

No pleito municipal de 2020, profissionais do marketing político e eleitoral que adotaram uma estratégia similar não galgaram o mesmo sucesso. O contexto da pandemia de covid-19 imprimiu, nas campanhas, respostas e soluções concretas para um problema urgente: a saúde da população. A polarização ideológica de 2018, e mesmo o antipetismo, não estiveram presentes com a intensidade da eleição anterior. Sem dúvida, o aplicativo de mensagens WhatsApp manteve sua importância, contudo a proliferação de mensagens foi bastante abaixo da identificada na eleição geral de 2018.

A pandemia de covid-19 e a exigência do distanciamento social fez com que as estratégias eleitorais digitais ganhassem relevância, e *lives* e *podcasts*, por exemplo, funcionaram intensivamente desde a pré-campanha até o dia do pleito. Sem dúvida, trata-se de uma nova ferramenta de marketing eleitoral que chegou para ficar, mas a eleição de 2020 mostrou que a propaganda eleitoral ainda tem importância.

A esse respeito, esta autora argumenta, em artigo publicado no *site* do Instituto para Reforma das Relações entre Estado e Empresa:

> *"Esse ano está diferente, está tudo mais devagar". Essa frase resume o sentimento dos eleitores das capitais brasileiras em diversas pesquisas qualitativas quando falavam sobre o clima da campanha eleitoral de 2020[8]. A especulação, é claro, derivava da pandemia do novo coronavírus. Contudo, havia mais elementos nessa questão. Primeiramente, a reduzida importância atribuída ao pleito pela grande mídia. A cobertura televisiva da eleição norte-americana, por exemplo, aparece com desproporcional centralidade. Se não fosse a propaganda eleitoral gratuita, até a data do primeiro turno um eleitor que passasse o dia todo assistindo televisão saberia mais sobre as propostas de Trump ou Biden do que dos candidatos à prefeitura e a vereança da sua cidade. Ou seja, não foi apenas a*

---

8   *No Capítulo 3, abordaremos com mais detalhes as pesquisas de opinião.*

pandemia que eclipsou a eleição, mas a opção das emissoras em deixar a eleição local em segundo plano. Sem grande esforço, os principais debates foram cancelados, e na maioria dos casos sequer uma alternativa remota foi oferecida ao público. Se a obtenção de informação é um elemento essencial para o processo de decisão do voto, como veremos no Capítulo 2, o problema é ainda mais grave quando lembramos que algumas alterações da minirreforma eleitoral de 2015, como a redução da duração da campanha de 90 para 45 dias na eleição de 2016, já havia prejudicado, e muito, o acúmulo de conhecimento sobre as propostas e biografia dos candidatos pelo eleitorado. Diversos analistas supunham que a campanha de 2020, tal como em 2018, seriam quentes mesmo nas redes sociais, em especial no WhatsApp. Não é o que revelam os dados para as capitais. No Rio de Janeiro, por exemplo, o Datafolha mostrou que somente 32% dos entrevistados receberam, via WhatsApp, algum conteúdo sobre a eleição (somando nesse índice a divulgação de candidatos a prefeito e vereador). Muito influenciados pelo resultado eleitoral do pleito de 2018 e pelo modo digital de fazer campanha do então candidato Jair Bolsonaro, os analistas não demoraram a derrubar a importância do horário eleitoral para as campanhas. De fato, em 2018, a importância foi pífia. Se o tempo da propaganda eleitoral em bloco foi drasticamente cortado no rádio e na TV, houve maior permeabilidade aos spots, aqueles breves comerciais que saltam "de surpresa" ao longo da programação: 68% dos cariocas já assistiram algum comercial curto na televisão nessa campanha. Não se trata aqui de afirmar a supremacia da propaganda eleitoral vis a vis as redes sociais para a decisão do voto. Contudo, a campanha eleitoral de 2020 trouxe como lição que um pleito não deve explicar o subsequente, ainda mais quando se trata de âmbitos e cargos distintos. A eleição de 2018 foi a exceção, e os elementos contextuais devem ser considerados em qualquer boa análise política. Assim, derivar interpretações a partir de um único pleito tem se mostrado um grande equívoco. (Paula, 2020)

MARKETING POLÍTICO E ELEITORAL, OU A "CAMPANHA PERMANENTE"

Conforme vimos, a evolução do marketing político nascido nos anos de 1950 impactou também o processo comunicativo entre o universo da política – e das campanhas eleitorais – e os cidadãos. Com a crescente adoção do "marketing sem mediação", ou seja, da comunicação direta entre político e cidadão, a necessidade de promover conteúdo relevante e que gere engajamento, força o *staff* dos mandatários, e os próprios políticos, é claro, a agirem em modo de "campanha permanente".

Aquela antiga divisão entre marketing político e eleitoral fica, portanto, cada vez mais limítrofe. Sugerimos uma experiência: ao acessar qualquer rede social digital, tente identificar se o *post* na página de um político eleito estaria promovendo sua imagem ou também buscando conexão com o eleitor, e assim, o voto. Isso seria marketing político ou eleitoral? É fundamental observarmos que não se trata de homogeneizar as atividades do profissional responsável pela comunicação do mandatário ou candidato.

Nos capítulos posteriores, sobre estratégia e planejamento, trataremos de uma série de procedimentos distintos que há em cada etapa da campanha e do mandato. O ponto central é perceber que, cada vez mais, o cuidado com a imagem e a criação de conteúdo não se restringem a momentos predeterminados para capturar a atenção do público. Não se trata de um trabalho com começo e fim, mas sim constante e interminável.

A representação política também foi transformada nesse novo estágio comunicacional. Sob um ângulo otimista, a campanha permanente trouxe uma janela de oportunidade para o fortalecimento da democracia representativa e participativa. Afinal, existe cada vez mais espaço de interação entre o representante e o representado. Por exemplo, a dificuldade de um cidadão comum para adentrar o Congresso Nacional foi reduzida a um clique de distância, via *inbox* ou pelo *feed* dos eleitos. É preciso cautela antes de afirmar que algumas trocas de mensagens simbolizariam um avanço para a democracia, ainda que seja inegável que as redes sociais digitais criaram uma espécie de "vitrine das atividades dos parlamentares", tornando o mundo da política cada vez mais acessível ao cidadão.

Já pelo lado dos eleitos e de seu *staff*, a "prestação de contas" ganhou um vasto número de canais. Atualmente, não é mais necessário gastar tempo para redigir cartas ou mesmo *e-mails* para chamar a atenção do público (algo extremamente tedioso para quem recebia). O trabalho de divulgação do político e do trabalho que exerce ficou muito mais dinâmico e atraente com o advento das redes sociais digitais e dos aplicativos de mensagem. A divulgação da agenda do político ganhou dinamismo, basta um pouco de criatividade e organização da equipe de assessores.

(1.5)

A PROFISSIONALIZAÇÃO DAS CAMPANHAS E A CRISE DA DEMOCRACIA

Quando tratamos do marketing político e eleitoral, é bastante comum que juízos de valor sejam atribuídos aos profissionais dessa área e à sua atividade. Uma das razões é o empréstimo do termo *marketing* do universo da propaganda e da publicidade e que, frequentemente, é visto pelo senso comum como estratégias de convencimento que utiliza o caminho da enganação e da mentira.

Quem nunca ouviu a afirmação pejorativa de que fulano "só faz marketing"? A chave de leitura sobre o marketing político é tendencialmente carregada de aspectos negativos.

Outra razão para acentuar essa percepção ruim da atividade é o envolvimento de alguns marqueteiros-celebridades em diversos escândalos de "caixa dois" no financiamento das campanhas eleitorais no Brasil.

Não se trata, aqui, de apontar bandidos e heróis ou afirmar que o marketing político é genuinamente uma atividade que busca enganar o eleitor. Acima de tudo, precisamos entender o papel do marketing na política, de modo geral, e nas campanhas eleitorais. Nas seções anteriores, vimos que, desde os anos 1950, as ferramentas do campo do marketing de produtos passaram a ser empregadas de modo mais sistemático na política.

O uso da persuasão e da retórica como estratégias de envolvimento e convencimento do público, no entanto, vem sendo discutido por pensadores clássicos da política e do poder desde a Grécia antiga. Aristóteles (2011, p. 44) afirmava que a retórica é "a faculdade de observar, em cada caso, o que este encerra de próprio para criar persuasão". O filósofo elaborou um esquema para ilustrar que a retórica envolvia um tripé: orador, discurso e auditório. Em seu tratado, é possível observar outros conceitos que mostram como a argumentação com finalidade persuasiva é uma prática cotidiana. O uso das emoções como estratégia discursiva de convencimento não é um mecanismo genial criado pelos marqueteiros que operam as mais caras campanhas eleitorais contemporâneas. Aristóteles já havia identificado isso em seus estudos.

Nesse contexto, é fácil perceber que o marketing político não inventou a roda ou contaminou a "boa política", isenta da persuasão. Podemos, e devemos, sim, problematizar a escala de intervenção do marketing na representação política e em sua maior finalidade nas democracias modernas: influenciar a escolha do voto pelo eleitor.

Existe ampla literatura que credita à profissionalização das campanhas o enfraquecimento dos partidos políticos, para alguns, inclusive, o enfraquecimento da própria democracia. Nessa visão, o marketing político seria considerado um fator de destruição da chamada "democracia de partido".

Segundo Manin (1995), a democracia passou por várias transformações até chegar à sua forma atual, a democracia de público, a qual seria marcada pela forte presença dos meios de comunicação na sociedade. O autor faz uma tipologia das formas e dos aspectos das democracias desde a Grécia antiga para mostrar como a política teria um caráter de mutabilidade, argumentando a necessidade de atentarmos para o contexto histórico e sua inevitável influência no governo representativo.

No esquema proposto por Manin (1995), a representação acontece em três tipos distintos de governo: (1) o modelo parlamentar, em que os governantes são escolhidos por seus atributos pessoais e agem de acordo com a sua consciência; (2) a democracia de partido, em que os governantes são preparados pelos partidos e agem fielmente afinados com um sentimento de pertencimento ao grupo; (3) a democracia de público, na qual a ideia de palco é característica e pressupõe a constituição das imagens dos candidatos. Nesse caso, como no modelo parlamentar, o governo é personalizado e fatores exógenos, como as pesquisas de opinião, aparecem como motivadoras das escolhas eleitorais.

Essa tipologia mostra como a relação entre partidos e eleitores sofre mudanças na contemporaneidade e, dada a importância dos meios de comunicação, as eleições são vistas por meio de novas configurações e novos agentes, assim, o partido se adequaria às novas formas de competição na arena eleitoral.

No final dos anos 1990 e 2000, tornou-se corriqueiro o argumento de que a televisão seria o meio de comunicação âncora das transformações no modo de fazer, e compreender, a política. Bourdieu (2001) não poupou críticas aos malefícios causados pela televisão na esfera política, inclusive aponta-a como pivô do declínio dos partidos políticos.

De acordo com Panebianco (2005), as funções tradicionais dos partidos estariam marginalizadas em razão da profissionalização, decorrente da primazia dos meios de comunicação, entretanto o autor não expõe os limites do fenômeno e não argumenta solidamente como a perda da função de socialização política pelos partidos, por exemplo, pode ser transferida para os meios de comunicação. Também não elucida um ponto que mereceria atenção: o relacionamento entre os "novos agentes" – especialistas e consultores profissionais – e os partidos políticos, faz apenas uma breve nota de rodapé sobre a questão.

Os estudos que abordam esse relacionamento apresentam conclusões antagônicas. De um lado, Plasser (2001) argumenta que a modernização das campanhas conduziu a uma profissionalização que ocorre: (a) pela centralidade da TV na comunicação das campanhas; (b) pelo aumento do orçamento das campanhas; (c) pela emergência dos debates televisivos; (d) pela centralidade do candidato em detrimento do partido; (e) pela incorporação de profissionais externos ao partido. O autor destaca que não apenas as inovações estruturais e tecnológicas modificariam ou debilitariam os partidos políticos, mas haveria também um nocivo processo de fazer campanha distante do partido, modelo preponderante nos Estados Unidos e exportado para o mundo todo.

De outro lado, situam-se as análises de Gibson e Römmele (2001), para quem a profissionalização seria uma possibilidade de fortalecimento dos partidos políticos, pela adoção de novas técnicas de maximização do voto. Nessa perspectiva, os partidos incorporariam, de modo diferente, o modelo de profissionalização, dependendo dos recursos financeiros disponíveis, da estrutura interna e de sua perspectiva ideológica. A profissionalização seria compreendida como uma possibilidade de fortalecimento eleitoral dos partidos de esquerda, por exemplo, pois poderiam se tornar mais competitivos ao reconfigurar suas formas de comunicação com os filiados e eleitores.

Vale destacar que a maioria dos trabalhos citados anteriormente é embasada em modelos de democracia europeia ou estadunidense. No Brasil, a institucionalização de uma *democracia de partidos* nunca chegou a ocorrer plenamente. A chamada *democracia de público*, em que os meios de comunicação e a profissionalização das campanhas seriam centrais, ocorre concomitantemente à fundação de nossos partidos políticos modernos a partir da redemocratização. Por isso, é essencial ponderar a crítica apocalíptica.

(1.6)

O MARKETING POLÍTICO E ELEITORAL E AS INSTITUIÇÕES POLÍTICAS

Uma ausência nos manuais de marketing político e eleitoral refere-se às demais instituições políticas que interferem nessa atividade profissional. A impressão é que, para alguns autores, a atividade não tem impacto de variáveis intervenientes – leia-se, outras instituições políticas – no trabalho que descrevem.

É preciso ter em mente que o processo político e eleitoral é formado por um ecossistema amplo de instituições, atividades e atores, e o marketing é somente uma delas, ao mesmo tempo que recebe limitações tanto do sistema eleitoral quanto das instituições da Justiça.

Para encerrar este capítulo introdutório, abordaremos, com base no caso brasileiro, como é importante, para o profissional de marketing político e eleitoral, conhecer e manter-se atualizado sobre o sistema eleitoral, de acordo com as resoluções do Tribunal Superior Eleitoral (TSE).

1.6.1 O SISTEMA ELEITORAL

O sistema eleitoral de cada país pode ser entendido como o mecanismo que transformará os votos em cadeiras, tanto no Poder Legislativo quanto no Executivo. O Brasil adota um sistema misto, do tipo majoritário, para os cargos do Executivo e do Senado, e proporcional, para a eleição de vereador, deputado federal e estadual.

De modo bastante simplificado, o sistema majoritário é aquele que elege o candidato mais votado em determinado distrito (município, estado ou país). No sistema proporcional, a fórmula usada busca ampliar a diversidade de opiniões e reflete, de modo mais ampliado, proporcionalmente, os votos obtidos pelos partidos nas urnas.

Em cada um desses dois sistemas, majoritário e proporcional, há subtipos e variações. No modelo proporcional, por exemplo, um fator importante trata da ordem da listagem dos candidatos. Se será fechada – definida pelo partido – ou aberta, como no caso do Brasil, em que não há ordem predeterminada. Ele ainda pode ser misto, em que uma parte é escolhida por uma lista feita previamente pelos partidos e outra parte pelo *ranking* do número de votos obtidos no pleito.

Na ciência política, existe uma vasta discussão sobre os efeitos de cada um dos sistemas e suas regras para a representação política. Há quem defenda opções mais simplificadas com argumentos que visam à diminuição do número de partidos e há quem prefira o atual sistema proporcional de lista aberta, pois seria mais acessível às minorias, especialmente em um país tão diverso e desigual quanto o nosso.

O objetivo aqui não é discutir o melhor modelo, até porque ele não existe, e todos oferecem vantagens e desvantagens. O profissional interessado em marketing político e eleitoral precisa ficar atento ao impacto que cada modelo, e suas regras, causará em seu trabalho. Assim, uma campanha para senador, a princípio, pode parecer muito com uma campanha de deputado, já que se trata de conseguir votos em todo o estado para um assento no Congresso. No entanto, ela é radicalmente distinta, tendo em vista as estratégias necessárias para conquistar a maioria simples dos votos (quando está em jogo uma cadeira por estado)[9].

Um candidato ao cargo de deputado federal ou estadual poderá, por exemplo, escolher direcionar suas ações de campanha a determinado nicho, incluindo a mobilização da militância e a escolha de temáticas, e até mesmo optar por não disputar o voto em alguns municípios. Diante disso, a equipe de marketing precisa entender os meandros de cada sistema para que estratégia e planejamento sejam assertivos.

1.6.2 O TRIBUNAL SUPERIOR ELEITORAL E O MARKETING POLÍTICO E ELEITORAL

Na condição de órgão máximo da Justiça Eleitoral, o Tribunal Superior Eleitoral (TSE) tem ação conjunta com os tribunais regionais eleitorais (TREs), que são os responsáveis diretos pela administração do processo eleitoral nos estados e nos municípios. As competências são

---

9 *Ver mais sobre a eleição de senadores em Paula (2018).*

descritas na Constituição Federal de 1988 (Brasil, 1988), no Código Eleitoral de 1965 – Lei n. 4.737, de 15 de julho de 1965 (Brasil, 1965), na Lei das Eleições – Lei n. 9.504, de 30 de setembro de 1997 (Brasil, 1997) e na Lei de Inelegibilidade – Lei Complementar n. 64, de 18 de maio de 1990 (Brasil, 1990).

É importante entendermos que, apesar de desempenhar um papel fundamental na administração, na homologação das candidaturas e na checagem na prestação de contas das campanhas, o TSE segue alterações e emendas constitucionais tramitadas e aprovadas exclusivamente pelo Congresso Nacional.

No Brasil, é corriqueiro passarmos por reformas ou minirreformas eleitorais, praticamente a cada pleito, temos alguma novidade no conjunto de regras que balizam as eleições e, portanto, também as campanhas.

Algumas dessas alterações interferem diretamente no trabalho da equipe de marketing. Afora as regras elementares com prazos determinados, como a proibição de pedidos de votos antes do prazo estipulado pelo TSE e as ações de captação de recursos (vaquinhas), os profissionais do marketing político e, principalmente, eleitoral precisam conhecer diversas outras regras.

Prática bastante crescente nos últimos anos, o impulsionamento de conteúdo pago nas redes sociais exige que as campanhas sigam uma regulação específica para isso. O conteúdo produzido para o rádio e a televisão, HGPE, e ações de mobilização da militância nas ruas também precisam seguir regras impostas pela legislação eleitoral. Foi com base nesse conjunto de mudanças que os antigos showmícios, em que celebridades eram convidadas e pagas, foram proibidos. A fixação de *banners* e demais materiais de campanha deve atender, atualmente, a um tamanho físico limitado.

Outro aspecto fundamental refere-se ao disparo massivo de mensagens pelos aplicativos, como WhatsApp e Telegram, particularmente as de conteúdo falso, as chamadas *fake news*. No pleito de 2018, essas mensagens foram compartilhadas de modo criminoso e fizeram um grave estrago na lisura e na competitividade das campanhas. Se o TSE foi omisso na ocasião, existiu, em 2022, um compromisso maior do tribunal com o combate às notícias falsas.

Assim, as equipes e os profissionais envolvidos no marketing eleitoral precisam estar sempre atentos ao que é proibido a cada ciclo eleitoral.

Para saber mais

GARIMPEIROS do voto. Direção: Ernesto Rodrigues. Brasil: Globo, 2018. 71 min.

O documentário, sob coordenação do jornalista Ernesto Rodrigues, faz um retrato dos novos desafios das campanhas eleitorais utilizando o *case* carioca municipal de 2016. É interesse observar, assim como discutimos neste capítulo, o papel das redes no contexto de modificação da legislação eleitoral, proibição das doações empresariais, polarização política e redução do tempo de propaganda televisiva. É possível conhecer a opinião de cientistas políticos, sociólogos, publicitários e especialistas em comunicação sobre o novo momento do marketing político.

Síntese

Neste capítulo, explicamos que o marketing político busca amplificar e tornar pública as atividades de detentores de cargos públicos, visando potencializar uma imagem positiva para um público mais amplo e que o marketing eleitoral é uma subespécie do marketing político, com foco na campanha eleitoral e no convencimento de uma parcela da população que se identifica com os candidatos. Destacamos que tanto o marketing político quanto o eleitoral envolvem a racionalização das práticas políticas em ações estratégicas para maximizar o trabalho de um político ou candidato específico. Concluímos que o limite conceitual entre marketing político e o eleitoral está a cada dia mais tênue, já que os políticos buscam tanto promover sua imagem quanto conectar-se aos eleitores, portanto é importante que sejam estabelecidos limites legais para a atuação profissional.

Ainda, demonstramos que a evolução do marketing político e eleitoral impactou o processo comunicativo entre políticos, campanhas eleitorais e cidadãos. Atualmente, a "campanha permanente" é uma realidade, favorecendo a comunicação direta entre políticos e cidadãos. Com isso, surge a necessidade de promover, de modo cotidiano, um conteúdo relevante e engajador. O cuidado com a imagem e a criação de conteúdo não se restringe mais a momentos predeterminados, mas se torna um trabalho constante e interminável de quem pretende exercer a profissão no âmbito do marketing político e eleitoral.

Questões para revisão

1. Assinale a alternativa que apresenta a definição mais acertada de *marketing político*:
    a) São os procedimentos técnicos que visam conhecer o eleitorado e atingi-lo de modo que amplie a percepção positiva do político/candidato em determinado público.
    b) São os procedimentos técnicos que visam usar o eleitor apelando para técnicas da publicidade.

c) São conceitos predefinidos e estabelecidos nos anos de 1950 que precisam ser seguidos para eleger um candidato.

d) Todas as alternativas estão incorretas.

e) Todas as alternativas estão corretas.

2. Assinale a alternativa que indica a principal evolução na história do marketing político e eleitoral:

a) O custo das campanhas que aumentou.

b) O uso das técnicas de *fake news* para convencer o público.

c) A ideia de público-alvo e consumidor que foi mudando com o passar dos anos.

d) O advento da internet.

e) O financiamento de campanha

3. Assinale a alternativa **incorreta** a respeito do marketing político:

a) Um bom profissional de marketing político e eleitoral precisa conhecer a legislação eleitoral.

b) Os melhores marqueteiros são experientes e oriundos da publicidade.

c) Efetuar um bom trabalho de marketing político e eleitoral envolve conhecer também o sistema eleitoral.

d) A campanha mais efetiva é aquela que é feita de modo constante, não somente na véspera do pleito.

e) O *feeling* e o gênio criativo do marqueteiro não são o que definem uma campanha vencedora.

4. Comente um impacto da pandemia da covid-19 no marketing político e eleitoral.

5. Resuma qual a necessidade da campanha permanente no marketing político e eleitoral atual.

Questão para reflexão

1. Faça o seguinte exercício experimental de "campanha permanente": acesse o canal do atual Presidente da República ou do governador de seu estado nas redes digitais de sua preferência. Em seguida, selecione as postagens recentes em que você não consegue distinguir se o conteúdo é estritamente criado para mostrar ações do mandato (resultados) ou se busca a conexão com o eleitor, típico de um momento de campanha eleitoral. Elabore um texto escrito com suas conclusões e compartilhe com seu grupo de estudo.

Capítulo 2

As teorias da decisão do voto

Carolina Almeida de Paula

CONTEÚDOS DO CAPÍTULO:

- As diferentes teorias do voto e o uso em campanhas eleitorais.
- O lugar da campanha negativa nas eleições, suas limitações e seu alcance.
- A necessidade de um olhar multidimensional para as teorias da decisão do voto.

APÓS O ESTUDO DESTE CAPÍTULO, VOCÊ SERÁ CAPAZ DE:

1. reconhecer os fundamentos das principais teorias da decisão do voto e a relação entre elas;
2. entender a importância das teorias do voto na atividade profissional do marketing político e eleitoral, seja para criar conteúdo, seja para avaliar estratégias assertivas;
3. identificar a campanha negativa, observando seus aspectos de impactos positivo e negativo nas campanhas adversárias e na sua própria.

É possível analisarmos as teorias da decisão do voto em seus diversos ângulos: orientação para o direcionamento da campanha; explicação para a decisão individual do voto ou explicação para os resultados (*outcomes*) do pleito. Dessa forma, no que tange ao marketing político e eleitoral, é obviamente para o eleitor que as estratégias devem ser pensadas, de modo a conquistar sua preferência.

A ciência política, e várias outras disciplinas, debruça-se sobre essa tarefa há anos, e é notório que se trata de uma construção de saber permeada por fatores diversos que mudam temporal e contextualmente e têm diversos sentidos (desde emocionais até racionais).

Três correntes ganharam destaque nessa tentativa de compreender como o eleitor decide seu voto, cada uma com suas perspectivas, especificidades e variáveis explicativas.

(2.1)

TEORIA PSICOLÓGICA

A teoria psicológica do comportamento do eleitor, baseada nos modelos da Escola de Michigan, toma o indivíduo como base de suas análises de personalidade e motivações psicológicas, buscando compreender o comportamento eleitoral por meio de uma perspectiva micro.

Os autores dessa corrente partem do princípio-chave da formação dos indivíduos, segundo a qual, com base em nossas experiências de vida, nossas vivências e nossas personalidades individuais, moldamos nossas preferências, visões de mundo e, por consequência, aptidões políticas. Assim, nossa relação com o mundo político em que vivemos se estabeleceria de acordo com níveis de conceituação que somos capazes de elaborar a respeito do mundo.

Sob essa premissa, nosso comportamento eleitoral e nossa decisão de voto seriam pautados na estrutura de nossa personalidade e em nosso sistema de crenças e valores, ambos formados com base nos processos de socialização, referentes ao contexto social em que estamos inseridos, considerando os valores aos quais fomos expostos durante nosso desenvolvimento como norteadores de nossas preferências e opiniões.

Segundo essa linha, fatores que definem os comportamentos políticos seriam constituídos nos indivíduos muito antes até de sua idade para votar, sendo a família um fator primordial nesse processo de formação, que ocorre mais na infância e na juventude do que na vida adulta.

Para esse modelo, é fundamental saber previamente como concebemos nossa existência social, como estruturam nossas opiniões e como tomamos decisões. Indivíduos pertencentes a um mesmo grupo social e com posturas e opiniões semelhantes tenderiam a ter um mesmo comportamento diante das escolhas políticas e preferências de voto.

Importante ressaltar que as origens sociais e econômicas não exercem papel fundamental aqui, sendo apenas um dos fatores de socialização, muito mais ampla e complexa. As atitudes são definidas pela compreensão da vida que adquiriríamos durante nosso processo de socialização e como conceituamos nossa existência com base nesses parâmetros.

Estudioso importante das teorias do voto no Brasil, Marcus Figueiredo (2008, p. 25) avalia que, para os teóricos dessa linha, "as atitudes políticas fazem parte da psicologia humana e, ao se consolidarem pela socialização política, tornam-se a base para a formação de opiniões, autoavaliações e propensões para a ação".

Os estímulos políticos, conforme já evidenciado, seriam derivados do ambiente de formação social dos indivíduos, iniciando a partir de sua socialização primária, com sua família.

Essa vertente, ao ser chamada de *psicossociológica*, utiliza também explicações sociológicas para a fundamentação de suas teorias. Assim, os indivíduos se relacionam com o mundo político com base em suas conceitualizações prévias, construídas no decorrer de sua formação. Assim, o ponto central da interpretação dessa teoria está no fato de que, uma vez constituídas crenças e opiniões, esse sistema tende a ser relativamente estável e previsível. Como argumenta Figueiredo (2008, p. 26): "Agindo, reagindo e interagindo social e politicamente a partir de uma base psicológica formada e com categorias políticas normativas razoavelmente consolidadas, o indivíduo sempre articulará da mesma maneira suas respostas a diferentes contextos".

A invariabilidade no processamento de informações seria a chave para prever comportamentos e, portanto, a lei causal fundamental do modelo de Michigan. O direcionamento político ocorre nessa formação dos campos atitudinais, e a capacidade de previsão da teoria centra-se na confiança da cristalização das formas de pensar e agir dos sujeitos.

Para a ação política, a chave explicativa encontra-se na busca das motivações e das percepções que levam os indivíduos à escolha partidária e às preferências políticas. Dessa forma, para que o comportamento eleitoral dos indivíduos seja compreendido, é preciso desvendar como eles correlacionam suas opiniões e suas ações, pois, ao conhecer antecipadamente as opiniões, é possível prever suas preferências partidárias e suas atitudes de decisão do voto.

Se um indivíduo é contra a política de cotas nas universidades públicas, provavelmente também será contra outras políticas de assistência social, como o Bolsa Família, por exemplo (Figueiredo, 2008). Assim, ao conhecer o conjunto de crenças do indivíduo e a maneira como ele interpreta a sociedade, é possível estimar como ele irá se comportar diante de outras situações e planejar frentes de apoio condizentes às posturas e às opiniões do candidato, ou vice-versa: o candidato pode "apropriar-se" de pautas que interessam ao eleitorado, mas com riscos maiores de não ser avaliado legitimamente como um defensor delas.

A perspectiva dessa corrente é a de que a relação entre eleitor e candidato é um ponto a ser considerado, uma vez que laços de empatia são criados por meio do compartilhamento de experiências em comum da vida cotidiana, histórias de vida e causas de defesa (Veiga, 1996).

Convém ressaltar que se trata de uma previsão de comportamentos, mas não de participação[1], uma vez que outros fatores ainda precisam ser levados em consideração, como as estruturações dos sistemas de crença política, que são muito baixas entre os menos politizados e instruídos (85% da população dos Estados Unidos, segundo os estudos iniciais dessa corrente). Para a corrente psicológica, o interesse pela política seria variável entre os indivíduos e relativo aos estímulos recebidos em sua formação (como estes foram orientados a conceber sua existencial social).

Para explicar como o indivíduo chega à decisão de votar, os teóricos dessa escola propõem a existência de um funil de causalidades, em que, na parte ampla da entrada, estariam as características sociológicas, sociais e familiares que influenciam e moldam os indivíduos, inclusive por suas preferências partidárias, e, na parte estreita do funil, estariam os fatores próximos (campanha eleitoral, situação política e econômica do país, propostas políticas, influência de amigos). Ao adentrar o funil, seria como se a decisão fosse sendo permeada

---

1 *Esta e as demais teorias que serão apresentadas foram construídas com base nas eleições estadunidenses, em que o voto é opcional, cabendo, então, a dupla tarefa de convencimento: (1) decisão de participar do pleito e (2) decisão em quem votar.*

por esses fatores e a identificação partidária influenciaria a avaliação das propostas política dos candidatos e dos acontecimentos que ocorrem no período eleitoral e, então, a decisão do voto estaria no final do funil.

Considerando os contextos eleitorais, a teoria psicológica prevê que, em eleições "normais", não estimulantes, a distribuição de votos dados em prol dos partidos ou ideologias tende a seguir uma linha uniforme de distribuição dessas identidades, sendo mais fácil predizer resultados. Já em eleições "atípicas", ou bastante estimulantes, a tendência é que haja maior infidelidade partidária/ideológica, com a concentração de não identificados em uma direção.

Avaliando as deficiências da teoria, percebemos que sua dificuldade preditiva centra-se na questão da instabilidade da opinião dos eleitores, que abrange diversos sistemas de crenças – complexos e, muitas vezes, incoerentes – e expressam um baixo teor ideológico em suas respostas. Assim, a instabilidade de opiniões em relação aos debates políticos relevantes que compõem a agenda pública reduziria, significativamente, a capacidade preditiva da teoria.

(2.2)

TEORIA SOCIOLÓGICA

O modelo sociológico teve início nos Estados Unidos, especialmente com pesquisadores da Universidade de Columbia. Seus elementos prioritários são os aspectos macrossociais.

A teoria sociológica, ou histórico-contextual, argumenta que a chave mais importante são as relações de interações entre os indivíduos, partindo do princípio de que a decisão do voto é resultante de uma correlação entre os diversos fatores contextuais em que o eleitor está inserido.

De acordo com essa teoria, as divisões sociais, econômicas e políticas são fatores que criam cisões significativas dentro da sociedade – de classe, renda e escolaridade –, e essas determinantes socioeconômicas são vistas como forte influência na conduta política eleitoral dos indivíduos. O eleitor toma decisões de acordo com os padrões dos grupos em que convive e interage, com base em seus valores compartilhados.

Então, para que o voto de um grupo possa ser compreendido, é necessário conhecer os contextos social e político em que seus eleitores vivem e como eles vivenciam esses contextos. O objetivo principal dessa teoria seria, justamente, a identificação desses padrões de distribuição de votos.

Salientamos que a interação nos grupos é fundamental, porque não basta pertencer estruturalmente a um deles, é preciso interagir com os demais membros trocando informações, uma vez que é por meio da conversação social que as opiniões são formadas, moldadas e até mesmo modificadas. Por meio dessas interações, a teoria sociológica prevê três possibilidades resultantes, tanto para a opinião política quanto para os demais campos temáticos:

> A ocorrência de interações sociais pode produzir três resultados: os dois envolvidos saem do processo com opiniões divergentes; uma das partes muda de opinião, convergindo para a opinião do outro; ou então, os dois envolvidos mudam de opinião e aderem a uma terceira posição, o resultado agregado das interações sociais se dicotomiza em dois polos: as opiniões e os comportamentos concordantes ou discordantes distribuem-se socialmente em relação a uma dimensão qualquer. (Figueiredo, 2008, p. 52)

Convém ressaltar a premissa sociológica de que as opiniões não surgem do nada, não são formadas individualmente e não são eternas, o que a diferencia substancialmente da teoria psicológica. Essas opiniões também não devem ser avaliadas individualmente, mas com base nas diferentes taxas de votos que ocorrem entre diferentes grupos sociais. Assim, segundo os teóricos da escola de Columbia, não são os indivíduos, mas os coletivos sociais, mantidos por uma coesão grupal, que fundamentam a dinâmica política e as preferências de voto.

A capacidade preditiva da teoria sociológica centra-se na percepção de que indivíduos socialmente organizados, em grupos coesos, com frequentes interações, agiriam em conformidade, portanto essa seria a variável explicativa do comportamento político.

As opiniões não são imutáveis e podem alterar-se com o passar do tempo, de acordo com os contextos em que estão sendo produzidas, como consequência direta da velocidade com que as estruturas de relações sociais se alteram. As campanhas eleitorais, inclusive, exercem fundamentalmente o papel de fazer com que os indivíduos interajam com outras perspectivas e outros vieses que estariam fora de seus limites de convívio, mas as mudanças de opinião seriam fruto de estruturas de comportamento formadas há tempos pelo indivíduo.

Os líderes de opinião têm destaque importante porque são capazes de fazer uma ponte entre a mensagem veiculada pelos meios de comunicação de massa e os eleitores dos respectivos grupos de pertencimento. Haveria, então, um fluxo de comunicação que se divide em duas etapas: (1) a absorção das notícias e acontecimentos pelos líderes de opiniões e (2) a transferência de sua opinião sobre essas notícias e acontecimentos para os demais cidadãos. Os partidos políticos, organizações sociais (religiosas, sindicais, bairristas) de toda ordem também têm papel de destaque nessa teoria, pois são instituições privilegiadas para a interação social, atuando como interlocutores do debate e representantes de pautas identitárias e de interesse.

Ainda falando em agentes de interação, os meios de comunicação fazem com que as pessoas conversem mais sobre os temas políticos e articulem motivações para o voto. Telles, Lourenço e Storni (2009) atentam para as limitações dos meios de comunicação dentro dessa perspectiva, corroborando com a ideia expressa de gerar interação com outras perspectivas, mas sem o papel-chave de mudá-las substancialmente somente por essa ação. Segundo os autores, "na medida em que os eleitores ficassem expostos aos meios de comunicação, o seu interesse pela política seria aumentado, mas as suas posições não seriam necessariamente convertidas" (Telles; Lourenço; Storni, 2009, p. 92).

Devemos considerar ainda que as mudanças históricas e os diversos contextos (culturais, sociais, econômicos) que podem coexistir em uma mesma sociedade levam a diferentes formas de participação política.

Há evidências significativas que comprovam que índices mais altos de desenvolvimento social de uma sociedade, com taxas de igualdade mais altas, geram mudanças comportamentais em direção a uma cultura cívica mais intensa, o que acarretaria mais chances de votos conscientes e uniformes em relação aos contextos e mais chances de previsibilidade teórica.

Já em sociedades em que a política está fundamentada em situações mais instáveis, com separações sociais não demarcadas e conscientes, a volatilidade do eleitorado é bastante alta entre diferentes eleições, fazendo com que apelos de campanha tenham maior capacidade mobilizadora.

Segundo os teóricos dessa escola, quanto mais coeso for um grupo social, menor será a probabilidade de membros desses grupos responderem com seus votos aos apelos de forças momentâneas e, quanto mais fluido for um grupo social, maior a probabilidade de seus membros responderem a esses apelos momentâneos e populistas.

Para essa corrente, existem dois tipos de eleições: (1) normais e (2) desviantes, condizentes aos contextos em que ocorrem.

Nas eleições consideradas normais, os fatores eleitorais momentâneos têm efeito pequeno na determinação do voto, prevalecendo os fatores contextuais históricos e favorecendo a previsibilidade da teoria. Nas eleições consideradas desviantes, os fatores conjunturais incluídos no debate político têm efeitos significativos na decisão do voto, tendendo não apenas a elevar os níveis de interação social e de interesse pela participação, mas também de elevar os índices de incerteza e previsibilidade. Situações como essas, chamadas também de *populistas*, com intensa mobilização, permitem baixa previsibilidade, curta duração e tendem a eclodir em comportamentos desviantes (alienação e imitação).

O princípio da alienação ocorre quando alguns integrantes de determinado grupo social passam a ser manipulados pelo discurso de representantes de grupos políticos que não são vinculados às demandas sociais do grupo a que pertence o eleitor alienado. Já o princípio da imitação ocorre quando o eleitor define seu voto seguindo o comportamento de integrantes de outros grupos sociais, aos quais ele não pertence. Normalmente, são grupos representantes de características dominantes na sociedade. Esses desvios são fruto da baixa participação dos eleitores nas disputas eleitorais (Cervi, 2012).

Há ainda a predileção para uma explicação mais voltada para a consciência de classe como fator primordial na determinação do voto. Assim, membros de grupos com forte consciência de sua posição de classe tenderiam a decidir seu voto mais por esse aspecto, escolhendo partidos e candidatos que tenham identidade com suas classes específicas. No Brasil, durante muito tempo, essa teoria orientou as explicações, mas se mostrou insuficiente, sendo uma variável significativa, mas não exclusiva, para a explicação do voto.

TEORIA DA ESCOLHA RACIONAL

A teoria da escolha racional, ou teoria economicista, analisa as decisões do voto por meio de categorias microssociais e individuais.

Há uma divisão metodológica de perspectivas nessa teoria: uma com base nos axiomas de Antony Downs e premissas maximizantes, nas quais o eleitor avaliaria estrategicamente qual escolha produziria mais resultados para si; outra com bases mais reducionistas, calcando-se na subvertente, baseada nos estudos de Kenneth Arrow, na qual o cálculo de voto seria feito de modo mais linear, com base na abordagem de aspectos de satisfação ou não com a economia (Downs, 1999).

O eleitor agiria, conforme essa perspectiva racional, como um juiz, decidindo se o político merece permanecer representando-o ou se precisa ser trocado por outro que ofereça melhores expectativas. O voto é visto como um instrumento estratégico. O eleitor só decide votar se isso lhe trouxer algum benefício, seja ele econômico, seja social, seja individual ou divisível coletivamente.

A racionalidade é avaliada como diversificada entre as classes, mas não hierarquizada, assim, tanto um empresário que escolhe um candidato com base em suas políticas liberais de mercado quanto um empregado que escolhe outro candidato por suas políticas de assistência social são igualmente racionais.

Para a vertente mais economicista, os indivíduos (*Homus economicus*) avaliariam e tomariam decisões por meio de bases dicotômicas e de julgamento: se a economia vai bem, tenderiam a votar pela continuidade, se vai mal, tenderiam a votar pela oposição, assim, cada indivíduo agiria e reagiria com base em suas experiências.

O comportamento humano é tido, portanto, como satisfacionista, que avaliaria a capacidade dos candidatos de produzir os benefícios esperados para tomar a decisão pelo ato de votar e para a tomada de uma decisão sobre em quem votar. Dessa forma, "a capacidade preditiva da teoria economicista restringe-se a situações de competição redutíveis a um ou dois blocos de candidatos: situacionistas e oposicionistas" (Figueiredo, 2008, p. 111).

As bases tradicionais do voto econômico não levam em consideração aspectos de consciência de classe ou níveis ideológicos de conceituação política. A consciência é apenas individual, com perspectivas de ganho pessoal e interesse material. A posição social é avaliada apenas como condicionante das expectativas, condizentes à posição ocupada na escala econômica pelos indivíduos.

Nessa concepção, os eleitores de classes sociais mais baixas, que seriam mais dependentes do governo, tendem a votar em propostas mais emergenciais e imediatas, de curto prazo. A figura do candidato, aqui, é maximizada, como a avaliação do governante que realizou ou não determinados serviços, ou o opositor que terá ou não capacidade de fazer igual, ou melhor. Eleitores de classes sociais mais altas, que não dependem direta e emergencialmente das ações do governo, por terem estabilidade em suas questões básicas, tendem a refletir considerando aspectos de longo prazo, que iriam, inclusive, além da economia, como questões ambientais, de qualidade de vida, raciais ou de gênero.

Já para a perspectiva mais voltada à teoria downsiana, mais completa do que a anterior por envolver mais fatores em sua análise, a decisão do voto é fruto de uma escolha racional, orientada por cálculos de interesse que preveem a diminuição do custo pela informação e a maximização dos potenciais ganhos.

Os indivíduos (*Homus politicus*) só se interessam pela política se os benefícios esperados forem maiores do que os custos envolvidos no ato de votar (desde a tarefa de escolher um candidato até os custos monetários do deslocamento para o ato). O eleitor é comparado ao consumidor avaliando as melhores ofertas – políticas – de mercado, para escolher seu candidato.

O eleitor downsiano age racionalmente votando no candidato que acredita que lhe proporcionará mais benefícios do que os outros. Esses benefícios podem ser tanto de caráter realmente individual (perspectiva individualista/egoísta) quanto de caráter coletivo (perspectiva sociotrópica).

Eleitores mais envolvidos com a política tendem a votar com base em pensamentos coletivos, além de seus interesses particulares. Enquanto os eleitores egoístas tomam apenas as próprias condições como um padrão de referência, os sociotrópicos tomam as condições mais gerais da economia.

Haveria duas linhas de decisão segundo a vertente downsiana: (1) o voto retrospectivo, quando o eleitor avalia as ações passadas do candidato, no caso de candidatos que já exerceram cargos públicos, e (2) o voto prospectivo, quando o eleitor decide seu voto pela avaliação das propostas e da expectativa pela atuação futura do candidato.

Para o cálculo do custo do voto, o eleitor racional ponderaria os partidos, por considerá-los um ponto de referência ideológico, como uma forma de diminuir os custos em relação à busca por informações. Escolhendo partidos que representem uma continuidade de suas posições ou opiniões, desde que estes também representem ganhos individuais por meio de suas propostas e de seus planos.

A comparação ocorre, portanto, entre os partidos que estão no poder, comparando a utilidade das políticas aplicadas em relação à utilidade das propostas do(s) partido(s) de oposição caso viessem a ocupar o governo.

Em um sistema bipartidário, os eleitores optariam pelo partido de sua preferência, sem maiores desgastes. Em um sistema multipartidário, a seleção do partido levaria em conta também a preferência dos demais cidadãos eleitores, calculando as chances de seu partido de preferência vencer e as chances de o partido mais rejeitado vencer, podendo mudar seu voto em nome do segundo caso: manter o partido rejeitado fora do poder, caso perceba que seu partido de preferência não tenha como chegar lá.

Borba (2005) resume as três premissas essenciais para o funcionamento do modelo de Downs: (1) todas as decisões, tanto dos eleitores quanto dos partidos, são racionais, calculadas com base nos interesses e executadas a fim de maximizar seus efeitos; (2) o sistema democrático deve apresentar-se em um nível elevado de institucionalização, permitindo previsões seguras sobre causas e efeitos; (3) mesmo tendo um nível de previsibilidade, a democracia oferta um grau de incerteza quanto a suas disputas (eleições), para que eleitores e partidos possam diferenciar seus votos e suas preferências.

Seguindo com as premissas da teoria, os próprios partidos políticos, ao entrarem no jogo, assumiriam um comportamento análogo aos de empresas privadas. Para atingir seus objetivos, formulariam programas e propostas políticas condizentes aos anseios da população, para satisfazê-los e conquistar o maior número de votos (da mesma forma que os empresários produzem produtos para atrair os clientes e conquistar os melhores lucros).

Cabe ressaltar a previsão de diferentes formas de racionalidade nas escolhas individuais, condizentes com as informações que recebemos e às quais temos acesso durante nossas trajetórias. Assim, o eleitor seria racional, mas com uma racionalidade permeada e limitada pelo contexto em que se encontra e pelas informações a que têm acesso.

A teoria da escolha racional não explicaria os chamados *votos não racionais*, por não prever como atitudes causais e emocionais podem influenciar a decisão eleitoral. Ela também não considera valores morais e religiosos como variantes do cálculo feito para a decisão do voto.

No entanto, cientistas políticos formularam também premissas que demonstram a existência de racionalidade em escolhas que vão além dos aspectos econômicos e preveem outras formas "de ganho".

Para Castro (1994), devemos procurar entender a racionalidade implícita do eleitor, que é condicionada também por fatores educacionais, de classe e outros, portanto sua racionalidade seria fruto de um processo de formação.

A teoria da escolha racional seria, então, a que abarcaria contribuições das teorias psicológicas e sociológicas. Mesmo escolhas baseadas em laços afetivos são feitas por meio de cálculos que levam aspectos sociais e psicológicos em consideração para a decisão, logo são racionais.

Por fim, restam os questionamentos acerca do paradoxo da participação, que veem falhas em explicar a participação política, uma vez que, racionalmente, um voto perante milhões é irrisório e seria um fator bastante considerável para a abstenção. Vejamos:

> *Cada eleitor avalia a eficiência do seu ato sob a condição de incerteza sobre o que os demais eleitores farão; e decide antecipando as decisões dos demais. Nesse sentido, explicar o voto é, de fato, o mesmo que revelar*

como variadas motivações e percepções se agregam na opção final por um candidato. (Figueiredo, 2008, p. 207)

Assim, a incerteza seria a condição que motivaria a participação: quanto maior a taxa de incerteza do vencedor, maior seria a motivação e o incentivo ao ato de votar.

(2.4)

QUAL A TEORIA MAIS EXPLICATIVA?

A explicação sobre como o eleitor decide seu voto é a pedra angular para processos decisórios em campanhas políticas, mas não é uma resposta simples. As teorias apresentadas neste capítulo, e muitas outras com menor alcance ou prospecção, tentaram explicar essa decisão usando modelos analíticos embasados em categorias específicas. O fato é que não existe maneira de explicar qual delas é a melhor.

A psicologia tentou explicar por meio de motivações da formação dos indivíduos; a sociologia, por meio das interações das quais esses indivíduos participam; e a teoria da escolha racional, por meio do cálculo racional da escolha mais rentável. Todas revelam pontos de acerto e pontos falhos. Todas são mais ou menos assertivas de acordo com momentos e contextos, visto que o objeto de estudo de todas as três, os seres humanos, são seres complexos.

Os fatores são variados e complexos. À luz de todas as correntes analisadas e das variantes elencadas como mais significativas para a decisão do voto, percebemos que o caminho é a combinação de várias delas: o nível educacional, o volume de informações recebidas, o contexto social momentâneo, a influência das campanhas e ainda os valores preexistentes e internalizados nos sujeitos.

O que verificamos é que a complementaridade entre os três modelos tem um poder explicativo mais efetivo por dar conta da complexidade social e dos indivíduos, que não excluem "partes de sua identidade ou formação" para a tomada de decisões.

O modelo sociológico explica as segregações e as diferentes perspectivas que fundamentam os partidos políticos e abrangem questões macroestruturais e segmentações sociais. Sob essa perspectiva, campanhas podem estruturar-se a fim de representar grupos específicos, sobretudo para cargos legislativos, mas sem excluir os cargos majoritários, que podem fazer jus às representações de classes, de sexo, grupos étnicos e regionais, por exemplos.

O modelo psicossocial, ao dar preferência para as questões psicológicas, explica como ocorre a identificação entre os eleitores e os partidos, suscitando o uso de emoções para despertar o interesse pelo voto. Mais adiante, trataremos do uso de campanhas negativas como um exemplo.

E, por fim, a teoria da escolha racional fornece um aparato teórico para entender a racionalidade do comportamento do eleitor, sobretudo com relação aos benefícios econômicos que podem ser gerados com suas escolhas. Tratar de temas relacionados à economia, à inflação e ao desemprego são pautas obrigatórias para qualquer candidato.

Assim, presumimos que, embora as correntes apresentem explicações distintas, elas podem convergir entre si e mais de um modelo pode ser ferramenta para a explicação do voto e para o marketing político.

Campanhas negativas e o uso do medo como estratégia eleitoral

Muito se tem debatido sobre essa tática nos últimos anos que, de modo simplificado, consiste em anúncios negativos, com críticas e acusações acerca dos adversários, objetivando inferiorizar sua candidatura por meio de ataques a diversas frentes: sua personalidade, suas convicções políticas, suas ações passadas, sua atuação profissional (como político ou não), sua rede de contatos, grupos de apoio etc. Assim, qualquer ligação que possa ser feita que venha a causar danos à imagem do candidato da oposição pode ser classificada como propaganda negativa.

No Brasil, o uso desse tipo de ação vem crescendo nos últimos anos, com a característica principal (mas não exclusiva) de ser um artifício de quem está atrás nas pesquisas e dos candidatos oposicionistas. Estudos sobre a temática têm se debruçado na tentativa de avaliar os efeitos produzidos por essas ações.

Borba (2019, p. 40) analisou estratégias discursivas de alguns candidatos e afirma que:

> *Estudos constataram que a propaganda negativa é eficiente na hora de tirar votos do adversário, mas exerce também efeito colateral contra quem atacou. O chamado "efeito bumerangue" da propaganda negativa é identificado em diferentes estudos, que mostram que a chance de ele acontecer é maior quando o ataque é feito pelo próprio candidato, contra o caráter pessoal do adversário e sem a apresentação de "evidências" que corroborem o conteúdo da mensagem.* (Borba, 2019, p. 40)

No Brasil, o uso dessa estratégia demonstra que ela pode causar danos aos dois lados, ou seja, tanto de quem é atacado quanto de quem ataca, por isso os artifícios utilizados para evitar esse desgaste nas campanhas de quem a utiliza são inúmeros, como recorrer a ataques feitos por terceiros, como candidatos menores, ou ainda incluir legendas minúsculas nas propagandas, que usam brechas das leis eleitorais e dificultam a identificação dos envolvidos.

O principal objetivo dessa estratégia é provocar o medo nos eleitores, componente das emoções primárias e acionado por estímulos que produzem uma sensação de insegurança e/ou descontrole, alimentando a urgência por ações para a recuperação de um estado de segurança estável.

Existia um argumento popular, mas equivocado, de que a campanha negativa não fazia parte do rol do marketing político brasileiro. A retórica do medo, porém, foi utilizada nas campanhas presidenciais desde 1989, com Fernando Collor. O então candidato associava o Partido dos Trabalhadores (PT) ao caos e à desordem, uma vez que o PT estaria amparado em ideias socialistas (ameaça que se tornou presente em todas as eleições majoritárias nacionais disputadas pelo PT) e fazia acusações acerca do envolvimento do partido no sequestro do empresário Abílio Diniz, ocorrido no intervalo entre o primeiro e o segundo turno da eleição presidencial de 1989. Além disso, Collor também falava sobre a afirmação de uma ex-namorada de Lula de que ele a obrigara a fazer um aborto (Chagas; Modesto; Magalhães, 2019).

A Figura 2.1 ilustra essas acusações.

Figura 2.1 – Exemplo de retórica do medo na mídia impressa

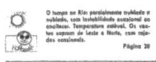

O GLOBO

Todas as pesquisas dão Collor na frente

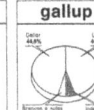  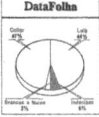

Cercados os seqüestradores de Diniz

Vasco faz a festa: é campeão do Brasil

Governo fecha ano emitindo NCZ$ 59 bi

Paulo Sérgio, em conversa, confessa o seu crime

A dança do violão de Gismonti

Com charme e estilo, o presente a tiracolo

Cecil Thiré: mais um vilão na carreira

Carolina Almeida de Paula | Paulo Loiola Teixeira

Em 1994, Lula foi apontado como inimigo da estabilidade econômica recém-alcançada, com discursos que associavam sua vitória à volta da inflação e questionavam sua capacidade de governar o país em razão de sua baixa escolaridade. Discursos de perseguição aos evangélicos também se fizeram presentes.

Avançando uns anos, em 2002, a atriz Regina Duarte, em discurso propagado pela campanha de José Serra, em clima de terror, declarava ter pavor das consequências da vitória de Lula.

Em 2006, tanto Lula quanto Geraldo Alckmin foram alvos de retóricas do medo. Com destaque para os discursos que punham em xeque o programa Bolsa Família, caso o oponente de Lula viesse a ganhar.

Essa retórica foi, novamente, utilizada pelo PT em 2014, na disputa entre Dilma Roussef e Aécio Neves. Aécio intensificava sensação do medo pelas associações criadas de que os médicos cubanos participantes do Programa Mais Médico, na verdade, eram guerrilheiros infiltrados que tomariam o país para impor um golpe comunista.

Ainda em 2014, a campanha de Dilma também usou de ofensivas contra Marina Silva, por meio de ameaças que as pessoas mais pobres ficariam sem ter o que comer e os ricos acumulariam mais riquezas devido às políticas de autonomia ao Banco Central, das quais Marina Silva era a favor.

Mais recentemente, em 2018 e em 2022, novamente as propagandas com esse objetivo centraram-se massivamente na ideia de que Lula ou o PT queriam impor o comunismo no país, com o constante uso do bordão: se o PT for eleito, o Brasil vai virar [uma] Venezuela.

Associadas à retórica do medo, costumam emergir *fakes news* e campanhas de difamação. Os exemplos são inúmeros, como o *"kit gay"* que seria distribuído nas escolas, a implementação de banheiros unissex etc., muitos provenientes de notícias falsas, estratégia que não será discutida nesta obra, mas que vem crescendo e se amplificando nos últimos anos, com o uso das redes sociais digitais públicas e privadas, como o WhatsApp ou Telegram, em que o controle da informação é mais difícil de ocorrer.

> **Para saber mais**
>
> IESP nas eleições. Disponível em: <https://www.youtube.com/@iespnaseleicoes3832>. Acesso em: 7 ago. 2023.
>
> O projeto *Iesp nas eleições*, coordenado pela autora deste livro, Carolina de Paula, teve como objetivo oferecer uma plataforma de produção de análises e de dados sobre o pleito eleitoral de 2018. A iniciativa partiu de um grupo de professores e alunos de pós-graduação do Instituto de Estudos Sociais e Políticos (Iesp), centro de excelência em ensino e pesquisa da Universidade do Estado do Rio de Janeiro. O canal apresenta vídeos atemporais que mostram variados exemplos da eleição como processo comunicativo, bem como explicações curtas sobre o sistema eleitoral e história do voto.

Síntese

O estudo do comportamento do voto tem sido uma área de grande interesse para os profissionais de marketing político e eleitoral. No decorrer dos anos, várias teorias surgiram para explicar por que os eleitores votam de determinadas maneiras. Neste capítulo, exploramos três das perspectivas principais mais utilizadas em campanhas eleitorais: a teoria psicológica, a teoria sociológica e a teoria econômica.

Destacamos que a corrente psicológica se concentra em fatores individuais, como atitudes, emoções, percepções e identidade política. Nessa visão, são relevantes os conceitos-chave de identificação partidária, que indicam a importância da afiliação partidária na tomada de decisão do eleitor, e a congruência, que argumenta que os eleitores são mais propensos a apoiar candidatos que compartilham de suas crenças e de seus valores.

A teoria sociológica observa a influência do contexto social, das relações de grupo e das estruturas sociais na escolha dos eleitores. Evidenciamos que o efeito de pertencimento social sugere que as pessoas tendem a votar de acordo com a influência de seu grupo, como classe, etnia, gênero ou raça.

Também esclarecemos que a teoria econômica do comportamento do voto se baseia na ideia de que os eleitores são movidos por interesses próprios e buscam maximizar benefícios e minimizar custos ao escolher candidatos. Examinamos o modelo da escolha racional, que argumenta que os eleitores avaliam as políticas propostas pelos candidatos com base em seus próprios interesses econômicos, e a teoria do voto retrospectivo, que sugere que os eleitores avaliam o desempenho dos políticos com base em resultados econômicos anteriores.

Por fim, destacamos a necessidade da complementariedade das teorias. Embora cada teoria ofereça uma perspectiva valiosa, é importante reconhecer que nenhuma delas é completa por si só. A compreensão do comportamento do voto requer uma abordagem multidimensional que considere os fatores individuais, sociais e econômicos. Ao adotar uma abordagem multidimensional, os profissionais de marketing político e eleitoral podem, portanto, desenvolver estratégias mais eficazes para engajar os eleitores e alcançar resultados desejados.

Questões para revisão

1. Com relação às três principais teorias explicativas do voto, assinale a alternativa **incorreta**:

   a) A teoria psicológica utiliza a formação dos indivíduos, suas experiências e vivências como ponto fundamental da formação de suas opiniões.

   b) A teoria sociológica pressupõe que opiniões são consolidadas por meio da interação entre os indivíduos, pertencentes a grupos em comum.

   c) A teoria sociológica prevê, de modo solidificado, que indivíduos pertencentes a um mesmo grupo votam sempre de acordo com esses princípios.

   d) A teoria da escolha racional prevê que indivíduos comportam-se de modo a escolher a opção que possa garantir mais resultados para si ou para seu grupo.

   e) A vertente economicista da teoria racional pressupõe que os comportamentos são satisfacionistas, ou seja, se a economia vai bem, a tendência é de voto por candidatos da situação.

2. Análises micro são aquelas que consideram os indivíduos como chave-explicativa, por meio de de ações isoladas. Assinale a alternativa que indica quais teorias explicativas do voto utilizam essa categorização para validar suas teorias:

   a) A teoria psicológica e a teoria sociológica.

   b) A teoria psicológica e a teoria da escolha racional.

   c) A teoria sociológica e a teoria da escolha racional.

   d) As três teorias (psicológicas, sociológicas e da escolha racional).

   e) Nenhuma delas.

3. Assinale a alternativa que indica um caso que **não** exemplifica uma campanha negativa:

   a) Tribunal Superior Eleitoral (TSE) suspende a exibição da propaganda eleitoral com a primeira-dama, Michelle Bolsonaro. A peça faz parte da campanha presidencial, cujo foco é a mulher, porém ultrapassa os 25% do tempo destinado a apoiadores em cada programa ou inserção.

   b) Tribunal Superior Eleitoral (TSE) retira do ar propaganda política de Lula, intitulada Conheça Bolsonaro, em que a atriz global Thelma de Freitas apresenta episódios de agressividade e insensibilidade do atual presidente, resgatando episódios em que ele defende tortura, agride mulheres e desrespeita vítimas da covid-19.

   c) Tribunal Superior Eleitoral (TSE) proíbe a veiculação de vídeos, divulgados no Instagram e no TikTok, que mostravam o livro denominado *Aparelho Sexual e Cia*, apelidado por Bolsonaro de *"kit gay"*, e apresentavam trechos de uma entrevista do presidente ao *Jornal Nacional*, em 2018, quando ele fala sobre a existência do *"kit gay"*, que teria sido distribuído pelas gestões do PT.

   d) Tribunal Superior Eleitoral (TSE) manda retirar, imediatamente, *outdoor* instalado na cidade de Comodoro (MT), no qual Lula é vinculado ao aborto, à ideologia de gênero, à censura e à cobrança de mais impostos, enquanto Bolsonaro é associado à vida, ao armamento da população, a valores cristãos, à liberdade e a menos impostos.

   e) Tribunal Superior Eleitoral (TSE) suspende a exibição da propaganda que associa o presidente da República Jair Bolsonaro (PL) ao canibalismo, mostrando trechos de entrevista concedida por Bolsonaro, em 2016, ao jornal

The New York Times, na qual ele afirma ter se voluntariado para comer os restos mortais de um indígena durante expedição na Amazônia pelo Exército brasileiro.

4. Considere a seguinte situação: João decidiu por determinado candidato, por ver nele a melhor proposta para a implementação de políticas que atenderiam à classe dos estudantes, à qual ele também pertence, mas que seria beneficiada amplamente. Classifique essa situação com base nas classificações do voto da teoria racional, com relação aos referenciais utilizados de tempo e público, de acordo com seus referenciais teóricos e motivos.

5. Indique uma definição do conceito sobre campanhas negativas.

Questão para reflexão

1. Pesquise a respeito da campanha presidencial dos Estados Unidos de 2020, em que houve vários exemplos de campanhas negativas dos dois lados. Com base nos temas abordados neste capítulo, analise uma declaração pública que tenha se concentrado em atacar a reputação ou as políticas dos candidatos envolvidos. Identifique, por exemplo, o público-alvo desse ataque e o eventual impacto negativo gerado por ele. Elabore um texto escrito com suas análises e conclusões e compartilhe com seu grupo de estudo.

CAPÍTULO **3**

Pesquisas de opinião

CAROLINA ALMEIDA DE PAULA

Durante os anos eleitorais, as pesquisas de opinião, especialmente as de método quantitativo (*survey*[1]), ganham forte protagonismo midiático. Na eleição presidencial brasileira mais recente, de 2022, houve uma cobertura bastante expressiva dos dados fornecidos pelos institutos de pesquisa. A cada nova pesquisa disponível ao público, proliferavam as análises de jornalistas e cientistas políticos sobre o impacto daqueles números no resultado do pleito.

(3 1)
POR QUE FAZER PESQUISA DE OPINIÃO É IMPORTANTE?

Antes de tudo, é preciso ter em mente que toda pesquisa de opinião é um experimento artificial. A ideia de que uma pesquisa revelará a "opinião do público" é falaciosa na medida que toma os resultados de uma pesquisa como espelho do que se passa com o público (universo). Uma primeira derivação necessária desse pressuposto é a de que toda pesquisa feita com uma parcela do público – uma amostra, mesmo que probabilística e estratificada – terá sempre alguma margem de erro, como veremos em detalhes na próxima seção, que trata das pesquisas quantitativas.

A segunda derivação é que as pesquisas de opinião são diagnósticos de determinado momento e não são prognósticos, ou seja, têm baixo potencial de prever o futuro. Por mais frustrante que possa parecer, as pesquisas, e as análises decorrentes delas, não servem para antever eventos futuros. Esse reconhecimento singelo das limitações das pesquisas é fundamental para não esperar delas mais do que se deve.

---

1 Survey *é o nome popular das pesquisas quantitativas feitas no marketing político e eleitoral. Geralmente com amostragem probabilística, elas são representativas de um universo de pessoas.*

É necessário observamos também que, afora o evidente destaque das pesquisas em anos eleitorais, as sondagens de opinião – quantitativas e qualitativas – consistem em elementos norteadores das atividades dos profissionais que atuam no campo do marketing político e eleitoral, mesmo em anos sem pleitos.

Quando iniciamos no mundo das pesquisas, é comum termos um método ou uma técnica de estimação e querermos adotá-lo para responder a todos os nossos questionamentos. Por um lado, é uma postura totalmente compreensível, dadas as afinidades e *skills* dos indivíduos. Por outro lado, o bom profissional interessado em executar uma pesquisa de excelência precisará, antes de escolher o método e a técnica, delimitar o que pretende investigar e quais as finalidades de sua pesquisa. Afinal, que respostas pode oferecer? Em suma, o ponto de partida nunca é o método e a técnica específica, mas será o objeto de estudo que delimitará a escolha daqueles.

Agora, já podemos diferenciar método de técnica/ferramenta. O método refere-se ao tipo de abordagem que será adotada, segmentada em duas grandes famílias: (1) quantitativa e (2) qualitativa.

Em linhas gerais, a pesquisa de opinião quantitativa tem como principal característica a padronização da coleta de dados para a obtenção das informações por meio de práticas formais e estruturadas, feitas com base em uma amostra representativa do universo. Já a pesquisa qualitativa permite mais flexibilidade no que tange aos instrumentos de aplicação das técnicas – roteiros semiestruturados, por exemplo –, e sua principal característica é a capacidade de aprofundamento das questões que engendram o estudo.

Em cada abordagem, existem as subfamílias, ou seja, técnicas e ferramentas que permitem ao pesquisador capturar os dados, organizá-los, analisá-los e apresentá-los ao público e/ou à equipe de marketing para fundamentar estratégias de ação.

(3.2)

OS *SURVEYS* NO MARKETING POLÍTICO E ELEITORAL

Após identificada a necessidade de um método quantitativo para atingir o objetivo e a resposta de que precisa, caberá ao analista delimitar a técnica específica. A ferramenta mais usual no marketing político e eleitoral é o *survey*. Durante o período eleitoral, somos bombardeados por pesquisas de intenção de voto, discutidas em larga escala nos canais de televisão, na internet e ilustradas nas manchetes dos principais jornais do país.

As equipes das campanhas, independentemente do partido político, costumam ficar sempre atentas aos "números das quantis", especialmente no sobe e desce dos percentuais de seu candidato e dos adversários. Esse é só um exemplo de resultado possível obtido em uma pesquisa de opinião. Trata-se da face mais famosa da técnica, mas o nível de abrangência e utilidade vai muito além disso.

Os *surveys* são úteis para diversas etapas do marketing político e eleitoral, desde a pré-campanha até a fase posterior ao pleito, em uma eventual gestão do mandato do candidato vitorioso.

Vale mencionar que esse modelo de dados, capturados pelos *surveys*, são chamados de *dados primários* (coleta própria). Uma boa equipe de pesquisa geralmente utiliza também fontes de *dados secundários* – como o nome já sugere, são os dados já existentes. A vantagem é a velocidade de obtenção, já que estão prontos, e a desvantagem óbvia é a falta de customização. Exemplos de obtenção dos dados secundários:

- pesquisa documental;
- portais de instituições públicas (governos, academia, órgãos do judiciário);
- fundações e instituições privadas que divulgam pesquisas *on-line*.

Antes de elaborar um *survey* para a obtenção de dados primários, é essencial fazer uso de pesquisas já existentes, especialmente para delimitar a amostragem com base em fontes oficiais que retratam a população. O censo demográfico produzido pelo Instituto Brasileiro de Geografia e Estatística (IBGE) a cada dez anos é o mais completo retrato das características do país. As empresas de pesquisa de opinião capturam os parâmetros da coleta de dados com base em elementos e definições do censo do IBGE, como setores censitários e os limites geográficos municipais e estaduais.

Na Figura 3.1, esquematizamos como é feita a coleta de dados e a disseminação, partindo desde o indivíduo respondente do questionário até a área maior de abrangência, no caso o país.

Figura 3.1 – Exemplo de esquema de uma coleta de dados para realizar um *survey*

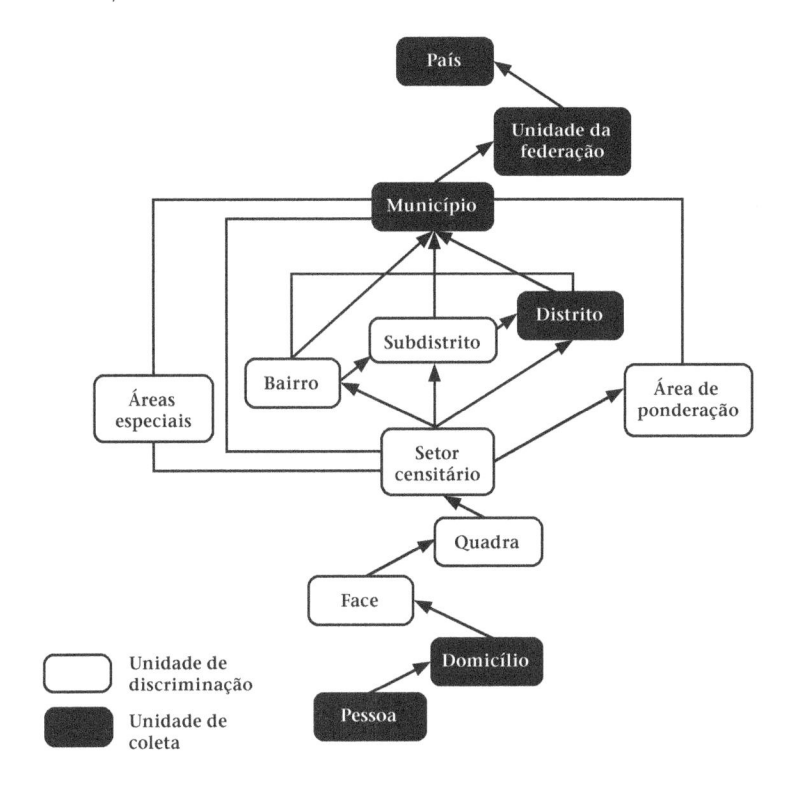

Fonte: Bueno; D'Antona, 2017, p. 20.

O marco de origem das pesquisas do tipo *survey* de opinião pública no campo do marketing político e eleitoral costuma datar no contexto dos anos 1930 nos Estados Unidos. O país atravessava uma forte crise econômica e social, e os dados para desenhos de políticas públicas foram reunidos a partir da criação do US Bureau of Census.

De acordo com Schulman e Moura (2022), a primeira pesquisa de opinião pública de que se tem conhecimento no Brasil data dos anos sequenciais a Segunda Guerra Mundial, na década de 1940, cujo objetivo era avaliar a participação do país no conflito. O aspecto mais curioso foi a duração para a conclusão da pesquisa: foram necessários seis meses para realizar duas mil entrevistas. Isso parece bastante impressionante, já que um campo com esse número de questionários, atualmente, pode ser feito em um ou dois dias.

No Brasil, o instituto pioneiro que tratou das pesquisas de opinião foi o Instituto Brasileiro de Opinião Pública e Estatística (Ibope), criado ainda na década de 1940. Atualmente, é Inteligência em Pesquisa e Consultoria Estratégica (Ipec), fortemente influenciado por George Gallup, estadunidense criador do American Institute of Public Opinion.

A trajetória do fortalecimento e profissionalização das pesquisas de opinião acompanham em boa medida a trajetória da consolidação da democracia no Brasil, e não é por acaso que, com o passar dos anos, o número de pesquisas só aumentou. Por isso, tentativas recentes de projetos de lei para censurar as pesquisas geram insatisfação de acadêmicos e profissionais de campanha. É importante observarmos que as pesquisas têm sido usadas "para o bem e para o mal" desde que foram incorporadas aos processos políticos, nos anos 1940 nos Estados Unidos e na Europa.

Pesquisas de opinião já foram usadas para legitimar golpes antidemocráticos, como no Peru, em 1992, por exemplo. Trata-se de responsabilizar o condutor em vez da técnica. Além do mais, o Brasil já tem legislação específica para pesquisas eleitorais, como vemos no art. 33 da Lei n. 9.504, de 30 de setembro de 1997, em especial:

Art. 33. As entidades e empresas que realizarem pesquisas de opinião pública relativas às eleições ou aos candidatos, para conhecimento público, são obrigadas, para cada pesquisa, a registrar, junto à Justiça Eleitoral, até cinco dias antes da divulgação, as seguintes informações:

I– *quem contratou a pesquisa;*

II– *valor e origem dos recursos despendidos no trabalho;*

III– *metodologia e período de realização da pesquisa;*

IV– *plano amostral e ponderação quanto a sexo, idade, grau de instrução, nível econômico e área física de realização do trabalho a ser executado, intervalo de confiança e margem de erro;* (Redação dada pela Lei nº 12.891, de 2013)

V– *sistema interno de controle e verificação, conferência e fiscalização da coleta de dados e do trabalho de campo;*

VI– *questionário completo aplicado ou a ser aplicado;*

VII– *nome de quem pagou pela realização do trabalho e cópia da respectiva nota fiscal.* (Redação dada pela Lei nº 12.891, de 2013)

§ 1º As informações relativas às pesquisas serão registradas nos órgãos da Justiça Eleitoral aos quais compete fazer o registro dos candidatos.

§ 2º A Justiça Eleitoral afixará no prazo de vinte e quatro horas, no local de costume, bem como divulgará em seu sítio na internet, aviso comunicando o registro das informações a que se refere este artigo, colocando-as à disposição dos partidos ou coligações com candidatos ao pleito, os quais a elas terão livre acesso pelo prazo de 30 (trinta) dias. (Redação dada pela Lei nº 12.034, de 2009)

§ 3º A divulgação de pesquisa sem o prévio registro das informações de que trata este artigo sujeita os responsáveis a multa no valor de cinqüenta mil a cem mil UFIR.

§ 4º A divulgação de pesquisa fraudulenta constitui crime, punível com detenção de seis meses a um ano e multa no valor de cinqüenta mil a cem mil UFIR.

§ 5º É vedada, no período de campanha eleitoral, a realização de enquetes relacionadas ao processo eleitoral. (Incluído pela Lei nº 12.891, de 2013).

(Brasil, 1997)

Vale a pena a leitura atenta dos arts. 33, 34, 35 e 96 da Lei n. 9.504/1997, bem como da Resoluções n. 23.600, de 12 de dezembro de 2019, e n. 23.608, de 18 de dezembro de 2019, ambas do Tribunal Superior Eleitoral (TSE), referentes às eleições de 2020 em especial, normatizando o registro e a divulgação das pesquisas e o processamento das representações, reclamações e dos pedidos de direito de resposta (TSE, 2019b; 2019d).

A legislação estabelece que o tipo de pesquisa sob efeito da norma é a de caráter amostral, ou seja, isso ocorre quando a pesquisa seleciona de maneira aleatória algumas pessoas e elas representam as respostas de um todo da população por meio de inferências estatísticas quanto ao perfil da população de um município, estado ou de todo o país (sexo, idade, renda, religião, escolaridade etc.). Além disso, seria inviável fazer entrevistas com toda a população de eleitores no intuito de conhecer suas opiniões e intenção de voto.

A metodologia de escolha dos entrevistados para a pesquisa quantitativa precisa prezar pela rigidez das informações e do controle dos pré-requisitos estatísticos, pois, sem esses parâmetros, os resultados podem ser enviesados e "falsos". A legislação obriga que um profissional de estatística e inscrito no conselho profissional da área assine a pesquisa e que o serviço seja prestado por um instituto/empresa de pesquisas cadastrado no TSE.

O uso das pesquisas quantitativas em período anterior ao calendário eleitoral estimula as condições de implementação do planejamento estratégico da pré-campanha, já que, além da intenção de voto, é possível avaliar governos, chances de vitória, os pré-candidatos em que a população mais confia, preferência partidária, entre outros temas. O resultado das pesquisas torna-se fundamental na escolha das estratégias e de quais os segmentos em que o candidato precisa melhorar sua *performance*. Por isso, embora a legislação reforce a importância das pesquisas durante o calendário eleitoral, pesquisas feitas ainda na pré-campanha fornecem subsídios para a tomada de decisões, sem necessariamente ficarem restrita à intenção de voto (Paula; Souza, 2020).

Originalmente, os primeiros *surveys*, no Brasil, eram feitos de maneira presencial, geralmente no domicílio do cidadão/eleitor, modelo usado pelo antigo Ibope. Contudo, há variações na coleta de dados, alguns exemplos: o "ponto de fluxo" (utilizado pelo Datafolha), em que o entrevistador fica em um local sorteado e cumpre uma cota amostral definida de modo estatístico e proporcional ao universo da pesquisa; a coleta via telefone, em que a entrevista pode ser feita por um entrevistador ou por um método de discagem automática; a coleta *on-line*, em que há o autopreenchimento das questões por parte dos entrevistados.

Independentemente da escolha da coleta de dados, há vantagens e desvantagens. Técnicas presenciais não são, necessariamente, melhores, apesar de mais custosas financeiramente. O tratamento estatístico de dados pós-coleta das informações pode corrigir eventuais desvios das ferramentas remotas e *on-line*. Assim, cuidar do passo a passo do planejamento da amostra, da coleta de dados e da análise é essencial para uma pesquisa confiável e segura.

No que diz respeito à amostragem, os institutos fazem ponderações quando percebem que há sub ou sobrerrepresentação de determinado segmento na coleta de dados, são as chamadas *pós-estratificação*. Assim, o balanceamento é feito matematicamente, atribuindo pesos distintos para as respostas, de modo a preservar a representação mais próxima ao encontrado na população.

Outro aspecto que urge cuidado é a redação das perguntas do questionário. Um *survey* de excelência precisa ser cirúrgico na adoção neutra das questões, sem apresentar viés ou predileção de respostas. Por isso, em perguntas de intenção de voto, tende-se a usar o "disco de candidatos", em que a ordem dos nomes é apresentada de modo circunferencial, sem o estabelecimento de hierarquias que possam favorecer o candidato A ou o B.

A análise de uma pesquisa quantitativa varia de acordo com a finalidade. Os resultados mais comuns são os descritivos, como frequências simples. A equipe de pesquisa pode efetuar cruzamentos entre os resultados das questões e características sociodemográficas e mesmo inferências mais avançadas como modelos econométricos de predição.

As frequências mais utilizadas pela cobertura jornalística são sexo, cor, renda, escolaridade, região e religião. Porém, para o profissional de marketing interessado em uma estratégia cada vez mais nichada, é possível explorar segmentações ainda mais específicas.

(3.3)

OS GRUPOS FOCAIS NO MARKETING POLÍTICO E ELEITORAL

Os grupos focais, também conhecidos como *grupos de discussão, entrevista coletiva* ou simplesmente *quali*, estão inseridos na abordagem qualitativa e são, em definição geral, a técnica de pesquisa em que os participantes conversam entre si, e não apenas respondem às inquietações do moderador/condutor do grupo.

Em grupos focais, são levantados e aprofundados pontos sobre dado assunto, cujo objetivo final não é atingir o consenso, mas capturar a diversidade de opiniões e ângulos sobre uma questão previamente elaborada. Essa questão original poderá sofrer o impacto e a influência dos participantes, passando, muitas vezes, por reformulações e originando outro conjunto de questões. Um grupo pode ser o pontapé inicial de uma pesquisa maior ou então o encerramento dela.

Há quem classifique os grupos focais em modalidades, dada sua finalidade distinta. Não há consenso sobre um esquema classificatório para isso, o mais popular deriva de Morgan (1997), autor que os segmenta em três tipos: (1) grupos autorreferentes, que formam a base central de dados da pesquisa; (2) grupos como um processo complementar de outras técnicas quantitativas, estes serviriam de ponto de partida para a elaboração de um *survey*, por exemplo; (3) grupos como parte de um quadro multimétodos qualitativo, seriam um mix de técnicas, tais como entrevistas em profundidade e observação participante.

Assim como vimos na seção anterior sobre os *surveys*, a origem do grupo focal remete às pesquisas desenvolvidas na Universidade de Colúmbia (Estados Unidos) na década de 1940, nas quais Paul Lazarsfeld e Robert Merton buscavam avaliar o impacto do rádio em sua audiência, no contexto da Segunda Guerra Mundial (Merton; Kendall, 1946). No cenário acadêmico, de modo geral, essas técnicas foram negligenciadas em sua origem, sendo rapidamente cooptadas pelos profissionais do marketing e da publicidade, muitas vezes, com suspeito rigor procedimental[2].

---

2   *No seriado televisivo* Mad Man, *exibido pela AMC nos Estados Unidos, há exemplos interessantes do uso da técnica pelas agências de publicidade nesse contexto histórico pós-guerra.*

Foi no âmbito das pesquisas envolvendo saúde, mais particularmente no campo da psicologia social, que a técnica começa a marcar presença nas discussões acadêmicas, isso nos anos 1980, com um recorte sociológico acentuado, em que havia uma mescla da discussão de temas clínicos e sociais, como, por exemplo, a discussão da saúde das mulheres marcada por elementos morais de construção da identidade (Barbour, 2009).

No Brasil, seguiu-se mais ou menos o caminho descrito pela literatura internacional. Na área da pesquisa de opinião e mercado, temos utilizado, com frequência, os grupos focais, seja para pesquisas que intencionam avaliar produtos e capturar a opinião dos consumidores – produtos das diversas indústrias, alimentícia, de serviços, da saúde, automobilística e até mesmo de entretenimento –, seja para pesquisas de opinião sobre o comportamento político dos cidadãos durante campanhas eleitorais, seja para avaliação de políticas públicas federais, estaduais e municipais.

As *qualis* são fundamentais desde a pré-campanha, em que serão definidas as narrativas e as forças e fraquezas do candidato, até o momento posterior ao pleito, para avaliação do mandato e monitoramento das políticas públicas. Vejamos:

Figura 3.2 – A utilização dos grupos focais na política e suas etapas

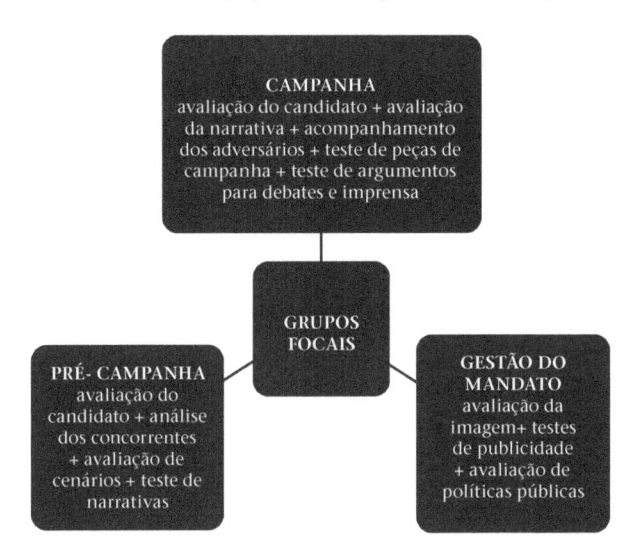

Já o campo acadêmico utiliza a técnica com mais parcimônia. Quem preferencialmente tem adotado a técnica são as áreas da psicologia social, saúde pública e educação, que utilizam, desde meados dos anos 1980, grupos focais como base metodológica de suas pesquisas (Carlini-Cotrim, 1996; Gondim, 2003; Gatti, 2005).

As críticas acadêmicas dirigidas aos grupos focais são várias e, geralmente, decorrem de uma rivalidade pouco frutífera com pesquisadores adeptos de métodos quantitativos.

Grupos focais são dotados de um elemento subjetivo, quando plenamente aplicado não é correto afirmar que existe observação livre e ausência de sistematicidade.

Assim como na execução dos *surveys*, o desenho de pesquisa qualitativa exige uma série de procedimentos. Os elementares são nove:

1. definição do tema central da pesquisa;
2. desenvolvimento do roteiro de moderação, com base no tema central;
3. definição da amostra estratégica de grupos de participantes, geralmente com base em variáveis sociodemográficas de filtro;
4. elaboração do questionário de recrutamento dos participantes;
5. realização dos grupos;
6. degravação do material coletado;
7. análise de resultados;
8. construção da *code tree*;
9. síntese final dos resultados.

O roteiro é peça fundamental do sucesso de um grupo focal. Se mais de uma pessoa conduzir grupos em um projeto, seu papel ganha importância ainda maior. Apresenta um aspecto maleável se comparado aos questionários estruturados de pesquisas quantitativas, porém alguns passos podem facilitar certa unidade, criando uma linha mestra. A ideia é pensar no roteiro como o fio condutor da pesquisa, partindo de temas leves para os mais densos. O roteiro tem questões mais centrais e outras secundárias, mas todas devem convergir para o problema central da pesquisa. O cerne é a interação dos participantes. Essa é a principal diferença em relação a uma entrevista em profundidade individual, por exemplo.

Ao redigir o roteiro, não devemos transformá-lo em um questionário, afinal, o propósito do grupo focal é aprofundar temas e capturar detalhes que um *survey* não suscitaria. Logo, perguntas que tenham como resposta "sim" ou "não" exigem um cuidado redobrado do moderador para que não se tornem vazias no momento da análise.

Isso vale para as perguntas do tipo votação e *ranking* de favoritos, muito comum em pesquisas eleitorais e testes de narrativas de campanha. Não existe significância estatística alguma, servem apenas para sintetizar visões.

Além de um bom roteiro, a amostra estratégica é fundamental para atingir os objetivos da pesquisa qualitativa. Diferentemente dos *surveys*, cabe ao pesquisador escolher o perfil de participante que deseja explorar, por isso não se trata de uma amostra probabilística, mas sim intencional.

Em campanhas eleitorais, tendemos a privilegiar os eleitores indecisos, que, potencialmente, precisam ser conquistados. Vale deixar claro que a escolha do perfil não significa dizer que o pesquisador selecionará, a seu bel prazer, os participantes, muito pelo contrário, um *recrutamento* – termo utilizado para o processo de seleção dos integrantes dos grupos – é uma etapa extremamente criteriosa, com predefinições (ou filtros) rigorosas.

A finalidade de um grupo são as percepções e/ou experiências dos participantes, a amostra estratégica, portanto, precisa ser desenhada de tal modo que permita estabelecer, de antemão, critérios para análise do perfil que interessa à pesquisa. Segundo Morgan (1998), unidade de análise será o grupo em seu conjunto e interações, não o indivíduo. Grupos devem ser homogêneos em termos de contexto de vida, não de atitudes.

O número de participantes em cada grupo dependerá da natureza da pesquisa, não existe uma regra. Em pesquisas na área de marketing, os grupos tendem a ser maiores (de 8 a 12), já que a ideia, geralmente, não consiste em aprofundar temas. Pesquisas acadêmicas de ciências sociais podem exigir um cuidado e aprofundamento maiores, sendo recomendável efetuar grupos menores em alguns casos (4 a 8).

Em institutos de pesquisa de opinião, costumamos terceirizar o recrutamento, ou seja, são contratadas empresas específicas em localizar e convidar os participantes para os grupos. Por isso, é fundamental o pesquisador definir um questionário de filtro (de modelo estruturado e padronizado), para que sejam recrutadas pessoas com o perfil predefinido para o grupo.

Em pesquisas de opinião pública (em especial sobre política), costumamos inserir, no questionário de filtro, uma pergunta que exclua pessoas que trabalhem com pesquisas de mercado, publicidade e órgãos públicos. Também vale a pena inserir uma pergunta que exclua pessoas extremamente tímidas.

Em pesquisas de mercado e de opinião pública, todos os participantes recebem um incentivo (em dinheiro) para participar da pesquisa, afinal, trata-se de um processo que dura entre uma hora e meia e duas horas. Em outras pesquisas, podemos oferecer um presente ou algo do tipo. No momento do grupo, geralmente é oferecido um lanche para criar um clima amistoso e gerar empatia nos participantes.

O papel do moderador (ou facilitador) contribui muito para o sucesso de um grupo, por isso é recomendável que este tenha domínio do assunto da pesquisa. O moderador deve estabelecer relação com os participantes, manter ativa a discussão e motivar os respondentes a trazerem à tona suas opiniões mais reservadas. Além disso, o moderador pode desempenhar um papel central na análise e na interpretação dos dados. Portanto, ele deve ter habilidade, experiência e conhecimento do tópico em discussão e deve entender a natureza da dinâmica do grupo (Malhotra, 2006).

O roteiro é peça central na execução de grupos focais, contudo ele não precisa ser seguido como um manual passo a passo. É preciso alterar a ordem ou fazer concessões quando notarmos que o roteiro está dificultando a interação entre os participantes, um bom moderador sabe ser flexível. Ele não busca o protagonismo, é necessário mais ouvir do que falar. Muitas vezes, emergem, nos grupos, temas muito delicados e íntimos, cabe ao moderador mostrar-se compreensivo, mas, ao mesmo tempo, não deixar o grupo desviar o foco da pesquisa.

Tradicionalmente, as pesquisas de mercado e de opinião pública feitas em capitais e cidades medianas utilizam salas específicas dotadas de "espelho falso" (*one-way mirror*), em que há outra saleta de observação, que serve ou para os clientes que queiram acompanhar o grupo ou para anotadores auxiliares. Em geral, contam com sistema de transmissão *on-line* e gravação do conteúdo, facilitando o processo de transcrição.

No entanto, assim como identificado nas pesquisas tipo *survey*, existem outros formatos de captura de dados além do método presencial. Uma consequência do isolamento social causado pela pandemia da covid-19, que afetou o mundo de modo mais severo nos anos de 2020 e 2021, foi o uso ampliado das pesquisas remotas. Assim, aplicativos de videoconferência substituíram as salas com "espelho falso".

Tal como mencionado no caso dos *surveys*, há vantagens e desvantagens na escolha de cada forma de aplicação. As vantagens do formato *on-line* envolvem a forte redução de custo da pesquisa, a possibilidade de reunir em um mesmo grupo pessoas de localidades distintas e, principalmente, a redução do estranhamento dos participantes em um ambiente artificial como as salas de espelho, sendo mais confortável participar diretamente do sofá de casa.

É certo que o caráter dos aplicativos de videoconferência exige que os participantes tenham acesso à internet e alguma familiaridade sobre o funcionamento deles, excluindo potencialmente pessoas de renda e escolaridade mais baixas. A experiência desta autora nas campanhas de 2020 e de 2022 mostra, no entanto, que a rede de apoio/familiares mais jovens, largamente aptos ao uso dos aplicativos na vida social, auxilia os participantes que têm pouca intimidade com as ferramentas digitais.

A compra de dados de internet para os celulares dos participantes também é um elemento inclusivo de pessoas de renda baixa. Centenas de pessoas de classes C e D foram beneficiadas por meio dessas ações coordenadas.

É certo que "o olho no olho" favorecido em eventos presenciais ainda tem seu valor. Contudo, ao lado das vantagens elencadas em grupos remotos, parece pouco provável que as pesquisas presenciais retomem a primazia vista antes da pandemia.

(3.4)

OUTRAS TÉCNICAS DE PESQUISA NO MARKETING POLÍTICO E ELEITORAL

Os *surveys* e os grupos focais são as estrelas de um bom planejamento de campanha, porém existem outras técnicas de pesquisa de opinião que contribuem para uma campanha obter sucesso. Apresentaremos três delas.

3.4.1 *TRACKING*

É possível incluir a técnica de *tracking* como um subtipo de *survey* eleitoral, visto que se trata também de um método quantitativo preocupado em aferir índices de uma população por meio de uma amostra. A diferença diz respeito à sistematicidade e ao grau de confiabilidade deles.

As técnicas de coleta de dados mais utilizadas são a chamada telefônica e a internet. Os *trackings* também costumam ser úteis para alcançar nichos específicos do eleitorado de um bairro ou de uma cidade ou de um perfil identitário importante para a equipe de marketing.

Por terem um objetivo, geralmente interno, de monitoramento das necessidades da campanha e de uso constante, o rigor e a margem de erro não são os mesmos dos *surveys*, discutidos na Seção 3.2. Como explica Fernandes (2021, p. 607):

> *O tracking utiliza pequenas amostras diárias que são agregadas em uma média móvel para formar uma amostra adequada. Podem ser feitas, por exemplo, 300 entrevistas diárias para cumprir ao fim de quatro dias uma amostra de 1.200 casos. Como uma média móvel, a cada dia o resultado mais antigo dá lugar ao mais novo, mantendo a amostra de 1.200 casos.*

Bastante utilizados nas campanhas com mais recursos financeiros, os *trackings* internos costumam "vazar" nas redes digitais e para os jornalistas, a fim de mostrar a força do candidato e a fraqueza dos adversários, além de estimular "viradas". Contudo, por se tratar de uma técnica em que, geralmente, não há divulgação de seu modo de execução, vale a leitura dos números sempre com parcimônia.

3.4.2 O MONITORAMENTO DAS REDES SOCIAIS DIGITAIS

Nos capítulos posteriores, abordaremos com mais detalhes a importância das redes sociais digitais em diversas etapas de planejamento e criação de conteúdo das campanhas. Contudo, neste momento, é importante descrever, mesmo brevemente, o papel crescente do acompanhamento de dados e conteúdo de redes sociais digitais como uma espécie de pesquisa de opinião pública. A abordagem pode ser incluída em ambos os métodos, quantitativos e qualitativos.

As ferramentas de *social listening* (coleta e análise de dados) são cada vez mais utilizadas para coletar os dados relativos ao universo de atores políticos, bem como a repercussão na opinião pública. Existe uma infinidade de empresas dedicadas a isso, com valores para todos os bolsos, das mais elementares até com funcionalidades bastante avançadas.

As campanhas têm investido cada vez mais em profissionais com habilidades em programação, refinando a captura dos milhares de rastros digitais deixados a cada segundo nas redes digitais. Em parte, como todas as técnicas de pesquisa, o uso eficiente depende, em grande medida, das perguntas corretas para o ponto de partida na busca de dados e de uma boa análise.

3.4.3 PAINEL *ON-LINE* DE MONITORAMENTO DE TENDÊNCIAS

Uma inovação de pesquisa na campanha eleitoral de 2022 foi desenvolvida por um grupo de pesquisadores do Laboratório de Estudos de Mídia e Esfera Pública do Instituto de Estudos Sociais e Políticos da Universidade Estadual do Rio de Janeiro (Lemep-Iesp-Uerj)[3].

O Painel On-line de Monitoramento de Tendências (Pomt) foi baseado em uma metodologia inovadora para monitorar, de modo dinâmico, o comportamento do eleitorado e suas clivagens no que se refere a temas, preferências, valores, recepção de notícias etc. O painel foi realizado por meio de grupos focais de operação contínua no WhatsApp, com participantes selecionados e um moderador profissional.

Assim como na metodologia tradicional de grupos focais, os grupos contínuos no WhatsApp do Pomt permitem que o moderador estimule o aprofundamento de temas sensíveis e difíceis de serem explorados por meio de pesquisas quantitativas, ou mesmo pela aplicação de questionários estruturados.

---

3   *Os coordenadores e criadores do método foram Carolina de Paula e João Feres Júnior.*

A principal vantagem do Pomt é a agilidade. O monitoramento contínuo fornece resultados diária ou semanalmente sobre diferentes aspectos que demandam agilidade em uma campanha eleitoral, como seguimento de debates em tempo real, teste de discursos e de peças publicitárias. Em lugar de fazer pesquisas unitárias, possibilita o monitoramento contínuo da campanha como se fosse um *tracking*, porém qualitativo de opinião pública, o que seria muito dispendioso se fosse feito com grupos focais tradicionais.

O Pomt tem um custo bem menor em relação aos grupos focais presenciais ou mesmo *on-line*, chegando a ser quatro vezes mais ágil e econômico. Em média, o custo de uma rodada de grupos focais equivale a quatro rodadas semanais de monitoramento no Pomt. Além de acomodar um número de participantes maior do que grupos focais síncronos, presenciais ou *on-line*, permitindo, assim, maior diversidade de opiniões e dinamismo nas conversas.

Os grupos do Pomt não requerem que os participantes reservem uma, duas ou mais horas para tomar parte da discussão, pois podem fazer isso durante sua rotina diária, aproveitando curtos intervalos de tempo, por meio de uma ferramenta que já lhes é costumeira, o WhatsApp.

Ao acomodar a pesquisa às circunstâncias e às comodidades da vida de cada um, o Pomt ajuda a diminuir a artificialidade da situação de pesquisa e, portanto, a produzir resultados mais próximos das interações reais que os participantes têm na vida cotidiana. São híbridos, ou seja, combinam interações síncronas e assíncronas. Alguns assuntos recebem atenção imediata dos participantes conectados, mas podem também ser comentados posteriormente por quem não pode ou não quis participar no momento. Essa liberdade é inexistente nos grupos focais tradicionais, que são presos à sincronia da condução dos temas por parte do mediador.

O caráter assíncrono da ferramenta, possibilitado pela dinâmica da comunicação no WhatsApp, permite respostas mais refletidas por parte dos participantes, o que é adequado para a área eleitoral, dado que o voto é também uma decisão que demanda reflexão. Por sua natureza temporal contínua, grupos focais do Pomt são propícios para criar situações deliberativas, nas quais as pessoas se sentem compelidas a elaborar suas razões com base nas razões dadas por outros participantes do grupo.

Diferentemente dos grupos focais tradicionais, nos quais as variáveis de comparação válidas necessariamente são utilizadas como filtros – por exemplo, comparando grupos de pessoas maduras com grupos de jovens, de negros com brancos etc. –, nos grupos focais contínuos via WhatsApp, são empregadas variáveis-filtro externas (entre grupos) e internas ao grupo. Isso porque os dados dos participantes recebem tratamento computacional, o que permite identificar facilmente as características dos emissores de cada "fala".

A agilidade para as ações de marketing das equipes das campanhas que adotaram o Pomt nas eleições de 2022 revela que, progressivamente, as pesquisas precisam inovar, mesclando abordagens tradicionais e desenvolvendo novas formas de coleta de dados e diálogo com o público.

Para saber mais

ENTREATOS. Direção: João Moreira Salles. Brasil: Videofilmes; Globo, 2004. 117 min.

O documentário, disponível na plataforma Globoplay, mostra os bastidores da eleição presidencial de 2002. Além da trajetória do candidato Luiz Inácio Lula da Silva, eleito presidente pelo Partido dos Trabalhadores (PT) naquele ano, o leitor pode acompanhar os bastidores da equipe de comunicação do candidato. Sob a liderança do publicitário Duda Mendonça, as pesquisas passam a guiar as ações do candidato da esquerda, que até aquele ano fazia pouco uso estratégico das pesquisas. É possível também observar como as pesquisas qualitativas em tempo real durante os principais debates televisivos foram essenciais para as respostas e os argumentos de Lula.

Síntese

Neste capítulo, ressaltamos que as pesquisas de opinião desempenham papel fundamental no marketing político e eleitoral, pois fornecem informações valiosas sobre atitudes, comportamentos e preferências dos eleitores. Ao compreendermos o público-alvo e suas necessidades, é possível criarmos estratégias de campanha mais eficazes e personalizadas. Examinamos as principais técnicas usadas: *surveys* e grupos focais. Os *surveys* são mais conhecidos da população porque são largamente apresentados na cobertura da mídia das eleições. Os grupos focais são comuns em campanhas; trata-se de reuniões com pequenos grupos de eleitores pré-selecionados a partir de amostragem estratégica e não probabilística, nas quais são discutidos temas relevantes para a campanha. Eles proporcionam dados valiosos sobre atitudes, percepções e emoções dos participantes.

Essas informações qualitativas podem complementar os dados quantitativos obtidos por meio de pesquisas de opinião tradicionais, fornecendo uma compreensão mais profunda do eleitorado. O monitoramento de redes digitais ocupa um papel cada vez mais importante no marketing político. Ele permite acompanhar em tempo real as conversas e as opiniões dos eleitores nas plataformas sociais.

Neste capítulo, também evidenciamos a necessidade de adaptação das técnicas tradicionais para um mundo progressivamente mais *on-line* foi acelerada a partir do cenário da pandemia de covid-19. As eleições de 2020 e de 2022 no Brasil utilizaram, em grande medida, o formato *on-line* de execução dessas pesquisas.

Questões para revisão

1. Assinale a alternativa que indica corretamente a década da primeira pesquisa de opinião pública de que se tem conhecimento no Brasil:
   a) 1900.
   b) 1930.
   c) 1940.
   d) 1950.
   e) 1990.

2. Assinale a alternativa que indica corretamente o que são dados primários:
   a) dados já existentes produzidos por outra fonte.
   b) dados comprados internacionalmente.

c) dados produzidos pelo próprio pesquisador.

d) dados obtidos de modo ilegal.

e) dados muito simplórios.

3. Assinale a alternativa que indica corretamente o que são dados secundários:

a) dados já existentes produzidos por outra fonte.

b) dados comprados internacionalmente.

c) dados produzidos pelo próprio pesquisador.

d) dados obtidos de modo ilegal.

e) dados muito simplórios.

4. Qual é a peça central da execução de um grupo focal e por qual motivo?

5. Qual é a técnica de pesquisa mais importante para ouvir com profundidade nichos do eleitorado e por qual motivo?

Questão para reflexão

1. Faça uma consulta na página do *site* do Tribunal Superior Eleitoral indicada a seguir e busque as pesquisas do estado de seu domicílio. Em seguida, abra os arquivos referentes ao questionário da pesquisa e do plano amostral. Reflita se as perguntas elaboradas pelos institutos são adaptadas para a realidade local e ao ano em questão. Anote suas reflexões em um texto escrito e compartilhe com seu grupo de estudo.

TSE. Tribunal Superior Eleitoral. **Consulta às pesquisas registradas**. Disponível em: <https://www.tse.jus.br/eleicoes/pesquisa-eleitorais/consulta-as-pesquisas-registradas>. Acesso em: 7 ago. 2023.

Paulo Loiola Teixeira

O planejamento estratégico é um conjunto de técnicas utilizadas para definir metas, promover ações, destinar recursos e tomar decisões que vão resultar no sucesso (ou não) de uma ação, de campanha política, institucional ou econômica, por exemplo.

(4.1)

Conceitos básicos

Existem diversas definições para os conceitos de *plano* e de *estratégia*. Entendemos planejamento como uma análise fundamentada, com metodologia específica, que requer conhecimento formal e que tem por finalidade a realização de projetos e o alcance de objetivos específicos. A estratégia tratará das ações necessárias, planejadas dentro das melhores possibilidades, para que o planejamento transcorra de modo efetivo. Assim, o termo traz consigo a ideia de ação (*hands on*), delineando os objetivos que precisam ser alcançados com base em uma análise bastante precisa do contexto e de quais ações devem ser executadas para que os resultados almejados sejam atingidos.

Para uma execução bem-sucedida, todo planejamento precisa ser iniciado listando quais os recursos disponíveis para serem utilizados, tanto de pessoal quanto de material, para que, então, as linhas de ação sejam definidas com base na capacidade de mobilização dos instrumentos disponíveis.

No sentido de nortear as ações e embasar solidamente a decisão sobre qual caminho seguir, as seguintes perguntas também devem ser feitas e respondidas, conforme os contextos em que o planejamento está ocorrendo: O quê? Por quê? Onde? Quando? Quem? Quanto? e Como?[1].

---

1   *São perguntas que fazem parte do modelo de plano de ação nomeado 5W2H (Where? What? Why? Who? When? How Much? e How?).*

Após a análise da conjuntura geral e do delineamento de cenários prospectivos, são definidas metas específicas, alcançáveis, mensuráveis e relevantes, que devem ser acompanhadas constantemente e limitadas temporalmente, para implantação, execução e alcance de resultados almejados. Caso, no decorrer das ações, os resultados esperados estejam muito abaixo do planejado, adaptações e remodelações devem ser executadas, por isso a importância do acompanhamento constante dos resultados. É muito prejudicial fazer esse mapeamento somente no final das etapas, pois o tempo hábil de uma campanha é muito curto e os danos podem não ser mais reversíveis.

Quanto mais cedo o planejamento for feito e executado, maiores são as chances de obter sucesso em suas ações idealizadas. A pré-campanha é a etapa mais importante da trajetória até as urnas e deve ser minuciosamente planejada. Ela ganhou mais importância a partir da permissão legal de impulsionamento de conteúdos nas redes sociais digitais com a minirreforma eleitoral de 2015. O recomendável é que a pré-campanha seja feita dois anos antes do início oficial da campanha, que, atualmente, dura apenas 45 dias, tempo insuficiente para que o candidato se torne conhecido dos eleitores.

Além de mais tempo, como não há previsão jurídica específica, à exceção do pedido direto de voto, nesse período é permitido apresentar ideias na internet, promover reuniões com apoiadores, organizar a militância, aprofundar conhecimentos específicos sobre os problemas da cidade/estado e sobre as necessidades dos cidadãos/eleitores. É nesse tempo que o potencial candidato deve criar autoridade em torno de seu nome e de suas bandeiras (construindo-as ou reforçando-as), mostrando ser engajado nas pautas defendidas.

Conhecendo o contexto, as equipes de apoio, marketing e pesquisa traçam estratégias de trabalho e as melhores ações, iniciadas com a apresentação do candidato, a construção de autoridade e de reconhecimento da comunidade e, então, as ações mais intensas para vencer as eleições. Todas são igualmente importantes, diferenciando-se de acordo com o momento em que são executadas.

Na pré-campanha, também definimos quem é quem na equipe e é quando devemos começar a organizar os meios de captação de recursos, ou seja, trata-se da criação do planejamento estratégico.

Uma campanha exige o domínio de várias ferramentas fundamentais para gerar informações seguras e uma equipe preparada para executar diversas tarefas. A seguir, veremos as principais ferramentas de trabalho que devem ser utilizadas no planejamento estratégico.

(4.2)

ANÁLISE SWOT

A análise Swot não só é o primeiro passo para iniciar uma campanha, como também é um instrumento central de referência para os candidatos e as equipes. Ela é uma ferramenta para o entendimento do cenário e do ambiente de atuação e para o diagnóstico da candidatura, indicando pontos fortes e fracos dos candidatos e oportunidades e ameaças que podem surgir e devem ser exploradas no planejamento estratégico da campanha.

O termo é um acrônimo das palavras em inglês: *strengths weaknesses opportunities e threats*, que, traduzidos, significam, respectivamente, forças, fraquezas, oportunidades e ameaças[2].

Essa ferramenta de análise auxilia a equipe na organização de ideias sobre diversas perspectivas de modo simples, objetivo e propositivo, considerando aspectos pessoais e de personalidade, além

---

2   *No Brasil, também é chamada de* análise Fofa: *forças, oportunidades, fraquezas e ameaças, em tradução para o português.*

de fatores externos e internos. Por exemplo, em termos de personalidade, carisma e simpatia são consideradas forças dos candidatos e facilitam a definição das estratégias. Já a falta de conhecimento e a falta de resultados relevantes no exercício da política são fraquezas e exigem outras estratégias de campanha. Para quem nunca ocupou um cargo eletivo, ter participado de movimentos sociais ou estar ligado a uma instituição, por exemplo, são facilitadores.

Algumas perguntas devem ser respondidas sobre o candidato, para preenchimento do quadro:

- Quais são suas maiores habilidades? Em que áreas ele é improficiente?
- Onde ele tem mais afinidades e experiências? Em que campos ele é leigo?
- No que as pessoas mais o elogiam? No que mais o criticam?
- Quais são suas competências?

Essas perguntas devem ser respondidas pelo candidato, por pessoas próximas a ele e por pessoas mais distantes, a fim de criar um apanhado geral e com múltiplas perspectivas de informações.

Ao passo que as forças e fraquezas são condizentes a fatores internos, as ameaças e oportunidades devem ser avaliadas sob os aspectos externos.

No que diz respeito aos aspectos internos, argumentos sólidos e diálogo, atenção e capacidade de concentração e engajamento público em causas sociais são pontos fortes de qualquer candidato. Já a timidez, a dificuldade de falar em público e a falta de uma atuação visível com a base partidária são pontos fracos de dificuldade que precisam ser superados.

Com relação aos aspectos externos, receber apoio de influenciadores e ter boa entrada nas mídias tradicionais são oportunidades.

No que tange aos partidos políticos, não contar com a atenção da legenda ou sofrer pressão sistemática de movimentos opositores, por exemplo, são ameaças.

Todas essas informações podem ser cruzadas em um quadro analítico que deve ser desenhado como ilustrado na Figura 4.1.

Figura 4.1 – Metodologia para realização de análise Fofa

Análise Fofa

Fatores positivos	Fatores negativos
Forças • Quais as vantagens em relação aos concorrentes? • Que características o candidato detém para si?	**Fraquezas** • Quais as desvantagens em relação aos concorrentes? • Que características o candidato não detém para si, mas seus concorrentes possuem?
Oportunidades • Que fatores contextuais são favoráveis ao candidato, em que ele é visto como autoridade na temática/situação?	**Ameaças** • Que fatores contextuais são desfavoráveis ao candidato, em que ele é prejudicado pelas condições existentes?

As perguntas norteadoras podem ser feitas de diversas maneiras, respeitando os objetivos almejados no momento, que podem variar de acordo com a etapa da campanha.

A utilização dessa tática se alinha ao planejamento estratégico porque permite a criação de metas (reais) direcionadas à fortificação das qualidades e à resolução das fraquezas encontradas no candidato, bem como a maximização do aproveitamento de oportunidades ao longo da (pré) campanha e estratégias para sanar os problemas que podem surgir com as ameaças.

É muito importante estabelecer prazos de realização e descrever minuciosamente como cada ação será desenvolvida (lembre-se da metodologia 5W2H), bem como monitorar o progresso das ações, a fim de controlar o alcance de resultados e redirecionar ações quando necessário.

(4.3)
CANVAS DO CANDIDATO

Canvas do candidato é uma metodologia que foi elaborada pelo Instituto Update e, atualmente, é adaptada para uso no universo eleitoral, sendo uma ferramenta de trabalho bastante usual em campanhas políticas. Seu uso permite identificar pontos das histórias dos candidatos que podem ser contados. Trata-se de um meio de olhar para dentro da campanha e ajustar a narrativa, para atingir o público-alvo da maneira mais assertiva (Instituto Update, 2023).

Para sua utilização, montamos um quadro de informações, a ser preenchido de modo a aperfeiçoar os aspectos de identidade do candidato, qual ou quais públicos pretendemos alcançar e ajustar as narrativas e histórias que serão usadas para a construção da imagem do candidato.

> **Importante!**
>
> Há diferenças de atuação entre cargos executivos – mais abrangentes – e cargos legislativos – mais direcionados a determinados grupos, também em conformidade com a esfera em disputa – municipal, estadual ou federal.

Segundo essa estratégia (Instituto Update, 2023), algumas perguntas devem ser respondidas, algumas bastante semelhantes às questões levantadas pela análise Swot. São elas:

I. informações burocráticas da campanha, como nome utilizado, partido, legenda, cargo disputado;
II. informações sobre o candidato, aspectos positivos e negativos dele;
III. canais de comunicação existentes, redes sociais digitais utilizadas;
IV. princípios defendidos e bandeiras de luta, compromissos assumidos;
V. principais concorrentes, vantagens e desvantagens em relação a eles;
VI. custos da campanha, definições de orçamento e de equipe de trabalho (contratada e voluntários).

Posteriormente, devemos criar o desenho das personas (visão idealizada dos eleitores), para que as ações sejam condizentes às expectativas e dores do potencial eleitorado. Algumas questões são fundamentais para a construção desses tipos e, seguindo as premissas do Instituto Update, são elas:

I. Quem são esses eleitores (idade, onde vivem, profissões, renda, estilos de vida)?
II. Como é a rotina dessas pessoas (idealizar o cotidiano)?
III. Quais suas motivações?
IV. Quais seus objetivos?
V. Quais suas preocupações e frustrações? (Instituto Update, 2023).

Por fim, devemos definir questões de atuação da campanha, a partir de uma identidade visual e pragmática. Os pontos que aqui devem ser definidos são os seguintes:

I. linguagem e tom de voz utilizados: formas de falar, estilo de linguagem, entonação da voz, símbolos, emoções que se pretende despertar;

II. mensagem-chave: como a história do candidato se relaciona com a história do eleitor, aspecto este que deve criar identificação e conexão entre ambos;

III. canais de comunicação: definir quais canais serão utilizados e com quais finalidades, incluindo desde panfletos até o programa eleitoral.

No caso das eleições para cargos legislativos, ressaltamos que parte significativa da população não tem clareza sobre os candidatos disponíveis, comumente concentrando atenção nos candidatos ao Executivo. Uma parcela significativa do eleitorado deixa para decidir o voto para vereador, deputado e senador na última semana ou mesmo nos últimos dias da campanha. Assim, a última semana da campanha torna-se central e deve ser planejada de maneira muito cuidadosa pelos candidatos e pelas equipes.

Retomando os debates sobre planejamento estratégico, com relação à literatura sobre essa temática, o trabalho de Kuntz (1986) foi pioneiro e define algumas etapas que podem embasar o planejamento de uma campanha. Ele elencou quatro fases para a organização estratégica de uma campanha.

A primeira fase é a diagnóstica, ou de avaliação. De modo resumido, trata-se de levantamentos e estudos por meio de pesquisas para mapear o contexto das eleições, a potencialidade dos candidatos e de seus concorrentes e os interesses prévios da população, para que a campanha seja moldada em bases concretas e condizentes com a realidade.

A fase seguinte é relacionada à formação de alianças, também conhecida como *dobradas*. Formar alianças com demais candidatos que, geralmente, concorrem a cargos distintos é uma estratégia que visa fortalecer candidaturas por meio do apoio mútuo e da criação de perspectivas de trabalho conjunto. Usualmente recorremos a essa estratégia, que deve ser uma via de mão dupla, ou seja, adotada apenas se for benéfica para ambos os envolvidos.

A terceira fase é dedicada às previsões de problemas que possam surgir e à criação de soluções prévias baseadas em diagnósticos, com base nos quais são analisadas as possíveis situações que poderão ser enfrentadas. Esse é um ponto que deve ser analisado de maneira cuidadosa, a fim de produzir soluções que, de fato, sejam efetivas e minimizem os desgastes com situações inesperadas. Cenários devem ser imaginados e planos alternativos definidos, de acordo com as hipóteses criadas, fazendo com que o planejamento seja um elemento vivo, maleável e contextual, e não um material estático e imutável da campanha.

A criação de hipóteses, quando acompanhadas de indicadores e métricas, permite avaliar concretamente se as ações e as escolhas tomadas têm potencial assertivo, sendo fatores determinantes em uma eleição. Por exemplo, ter nitidez sobre as metas de crescimento nas redes sociais digitais e acompanhamento regular delas permitirá identificar o cumprimento desses objetivos, prevendo com mais segurança os potenciais resultados.

O quarto ponto destacado por Kuntz (1986) é relativo ao orçamento, elemento no qual as campanhas normalmente têm dificuldades, em virtude das mudanças na legislação eleitoral e da baixa aceitação da cultura de doação para campanhas. Um ponto importante é dedicar parte dos esforços para prever formas de atuação alternativas para obtenção de recursos, sem a dependência majoritária de repasses financeiros. Os caminhos são vários, como a vaquinha virtual (*crowdfunding*) e o fortalecimento das relações com representantes de outros domicílios eleitorais. Os modelos de financiamento serão detalhados em capítulo específico mais adiante.

Percebemos, então, que a criação de um plano de ação requer o domínio da maior quantidade possível de informações, sempre levando em consideração fatores como o conhecimento da realidade dos candidatos, seus objetivos, os gastos para alcance e as etapas de trabalho.

Conforme vimos até aqui, esse planejamento, portanto, deve levar em conta as metas propostas, os meios e os recursos para alcance delas, a definição do público-alvo, o potencial de votos, os territórios que serão prioritários, a força dos concorrentes, os recursos humanos com os quais se pode contar, os temas que serão a plataforma de campanha, a mensagem-chave, a identidade visual empregada e, ainda, outros que possam surgir.

Para detalhar cada ação estratégica, podemos utilizar novamente a ferramenta 5W2H, já mencionada no início deste capítulo, com a qual é possível detalhar do objetivo/intenção até a forma como a ação será posta em prática, impondo prazos e prevendo resultados esperados.

(4.4)

SCRUM E AS METODOLOGIAS ÁGEIS

Essas metodologias detalhadas nas seções anteriores são as mais tradicionais para planejamento, mas ainda respondem muito bem às demandas. Outras vêm surgindo e se sobressaindo por permitirem processos mais ágeis de planejamento, como a metodologia *Scrum*.

Essa metodologia tem como proposta que os indivíduos e as interações entre eles são mais importantes do que processos e ferramentas de trabalho. Nesse princípio, a colaboração mútua é mais relevante do que a realização de trabalhos mecanizados. Assim, é mais significativo estar preparado para responder às mudanças que podem surgir do que seguir um plano à risca. Segundo o criador da metodologia, trata-se de uma proposta para "resolver problemas complexos por meio de treinamento, certificação e experiências de aprendizado contínuo" (Schwaber, 2023, tradução nossa). As etapas de trabalho são constantemente acompanhadas, norteadas por princípios de ciclos rápidos – os *sprints* – que priorizam a fluidez estratégica, agindo por vias "não engessadas" para a busca de soluções.

Um bom planejamento de campanha, de acordo com essa metodologia, envolve, então, encontros periódicos, definidos de acordo com o momento/distância do pleito, para serem acordados os objetivos do período, além de encontros rápidos diários (facilitados pela consolidação das reuniões *on-line*) para alinhamento do que já foi feito e do que está programado para ser feito. As revisões periódicas do que deu certo e deve ser continuado, ou do que não deu e precisa ser realinhado, são indicadores previstos por essa metodologia, que possibilitam a correção de potenciais erros de modo antecipado.

Para o alcance do sucesso, vimos, nesta seção, que algumas informações precisam ser levantadas a fim de que o estabelecimento das metas de ação seja assertivo. Antes de prosseguimos, vamos relembrar quais as principais informações que devem ser dominadas:

- delinear o perfil do eleitorado, conhecendo sua amplitude, seus desejos, suas aspirações e suas dores ou temores;
- analisar os territórios nos quais os candidatos irão atuar;

- avaliar os concorrentes, quem eles são, quais os possíveis conflitos em uma mesma temática ou por território, qual a possibilidade de haver uma disputa da militância no partido ou a existência de perfis identitários próximos;
- elaborar a análise Swot, levando em conta as condições financeiras, históricos profissionais, pessoais, relações familiares, religiões, *hobbies*, alianças políticas, redes de apoio, entre outras questões.

(4.5)

A PREPARAÇÃO DOS CANDIDATOS

A preparação dos candidatos começa pela escolha de quem estará ao lado dele, desde os voluntários até os coordenadores de campanha, definindo funções estratégicas dentro da equipe, como quem cuidará do financeiro e da comunicação. Em outras palavras, o início de qualquer campanha começa com a montagem da equipe de trabalho.

Com relação à área da comunicação, é preciso considerar que, além do que será falado e escrito, o aspecto não verbal é igualmente importante e deve ser condizente com o que os candidatos dizem e com as mensagens que pretende transmitir. Em campanhas eleitorais, a comunicação eficiente envolve uma série de aspectos que abrangem o conteúdo da mensagem, a forma de expressá-la, o tom de voz, os gestos, a postura corporal, o modo de vestir e, sobretudo, a capacidade de ouvir, para que a comunicação seja uma resposta aos anseios da população e potencial eleitorado.

É preciso considerarmos que a comunicação de campanha é direcionada a um público diverso de apoiadores, eleitores, militantes e simpatizantes. É necessário, portanto, segmentar a comunicação em polos: características gerais da população, influenciadores temáticos, lideranças locais e atores políticos.

Cada um desses grupos exige uma forma específica de comunicar. Por exemplos: uma proposta para mulheres não deve interessar totalmente aos jovens e aos adolescentes, que têm outros anseios nessa etapa da vida, cabendo, então, reformulações, tanto de estilos de texto e de mídias quanto de proposições, a fim de conversar de modo mais próximo com esses diferentes núcleos e mostrar que o candidato compreende as diferentes necessidades da população.

Assim, com relação à população, alguns nichos devem ser considerados conforme suas especificidades para a abordagem de temas: temas específicos para a população em geral, temas específicos para faixas etárias (idoso, adolescentes, jovens estudantes universitários), temas relativos ao gênero e à orientação sexual (mulheres e o público LGBTQIA+ defendem pautas específicas), temas vinculados às categorias profissionais (tanto relativos às profissões quanto às situações de trabalho), questões de identificação racial etc. São inúmeras as possibilidades de segmentação, que exigem também formas de comunicação específicas, compatíveis com a realidade do momento, com as características do público-alvo etc. e que definirão o tipo de narrativa a ser utilizada.

Após a definição dos públicos e da narrativa a ser adotada, partimos para as plataformas: *sites*, redes sociais digitais, *e-mail*, WhatsApp. Nesses espaços, a história do candidato, suas ideias e suas propostas serão compartilhadas por meio das potencialidades ímpares de comunicação que cada plataforma oferece e que devem ser exploradas em suas forças e em seus serviços, como a possibilidade de segmentação de mensagens, que atinge públicos diversos, de várias maneiras, permitindo enviar mensagens mais assertivas a cada grupo conforme suas peculiaridades.

Convém salientar que cada cargo em disputa direciona a amplitude de públicos com os quais o candidato irá dialogar. Quanto mais próximo da população, mais direcionadas (e limitadas) devem ser as frentes e temáticas abordadas. Quanto mais abrangente as responsabilidades do cargo em questão, mais amplos devem ser os públicos e as propostas. Assim, um vereador deverá escolher poucas pautas para defender, relativas à sua trajetória, que tragam identificação com os potenciais eleitores, ao passo que um candidato a prefeito deverá ter pautas mais amplas, compatíveis com toda a população da cidade que deseja representar.

4.5.1 OS SIGNOS E A PRESENÇA

Para criar conexão com o lado mais pessoal da percepção dos eleitores (aspectos subjetivos), o uso de *jingles* ou de clipe musical tem se mostrado bastante eficiente. É recomendável fugir de paródias dos sucessos do momento porque a originalidade costuma ser recompensada. O modo de vestir precisará também apontar qual imagem o candidato deseja transmitir.

A valorização identitária é um ponto forte de fortalecimento da campanha. Nesse sentido, sua imagem terá potência para transmitir sua mensagem. Fatores étnicos, de gênero, representações minoritárias, de orientação sexual e tantas outras existentes devem ser pensados de modo a criar uma representação significativa sobre suas causas.

Os locais escolhidos para visitas também devem ser analisados previamente e mapeados para melhor aproveitamento geográfico, otimizando visitas físicas em determinadas regiões, diminuindo tempo com deslocamentos e realizando o maior número de eventos por região. Em campanhas estaduais, sugerimos priorizar locais com maior abertura de simpatizantes. Essa etapa de sensibilização mostra para o eleitor quem é o candidato, no que ele acredita, seus valores e suas crenças. Esse é o momento para criar identificação com o eleitor para que ele passe a enxergar o candidato como semelhante, alguém em quem ele pode confiar como seu representante, tanto em princípios quanto em propósitos. A empatia deve ser exercitada em larga escala.

Somado a isso, a campanha deve criar motivação em torno dos projetos políticos defendidos pelo candidato, reforçando a coletividade pela causa e a integração do eleitorado. É preciso gerar sentimento de participação para que o potencial eleitor compreenda que ele é parte do processo que está sendo construído. A plataforma de campanha é uma ação "ganha-ganha", todos – público-alvo e candidato – têm a ganhar. É um sonho que deve ser vivenciado de modo compartilhado.

Após todo o trabalho para gerar aproximação, os eleitores estarão mais conectados com os candidatos e ativamente buscando seus representantes, e só então os pedidos de voto devem acontecer.

(4.6)

DIAGNÓSTICOS, BANDEIRAS E RECEPÇÃO DE TEMAS

Os temas/bandeiras que vão nortear a campanha devem considerar a história de vida dos candidatos, suas redes de relacionamento, seus conhecimentos e potenciais, além dos pontos fortes e oportunidades da conjuntura local. A abordagem deve ser simples para possibilitar que a maioria das pessoas envolvidas na campanha entendam a mensagem. Dependendo do público-alvo, é possível disponibilizar explicações técnicas por meio de um *site* ou em entrevistas específicas dos candidatos. É recomendável que os temas/bandeiras sejam limitados e aprofundados.

Uma das formas mais eficientes de medirmos a receptividade dos temas é utilizar as mídias digitais, mensurando quais assuntos e abordagens têm mais envolvimento, comentários, compartilhamentos e curtidas dos seguidores. Além disso, pelo uso do impulsionamento, é possível entender essa receptividade para diferentes públicos.

As bandeiras podem ser o espírito de uma campanha, o que impulsiona os eleitores, por se tratar de questões que lhes são essenciais. Conferem também personalidade à campanha, uma vez que representam um posicionamento dos candidatos perante a opinião pública. Os temas escolhidos devem ser relevantes para o público-alvo e estar relacionados aos problemas que precisam ser solucionados em sua área de atuação.

Ressaltamos que a quantidade ou a generalidade de temas abordados é relativa ao cargo disputado, crescendo em proporção de abrangência, conforme o cargo envolve mais pessoas (vereadores *versus* prefeito, deputados *versus* governador etc.)

É de significativa importância que os temas sejam selecionados com base em recortes específicos (segmentação), uma vez que os problemas afetam as comunidades de maneiras diferentes e exigem soluções específicas e direcionadas à população de cada região. Mesmo questões de interesse comum, como empreendedorismo, feminismo, sustentabilidade, empregabilidade ou qualquer outro, têm recortes específicos.

A diversidade no país é muito grande e precisa ser ponderada. Sendo assim, é importante identificar, nesses temas, questões significativas como, por exemplo, a burocracia para a abertura de uma empresa, índices de violência contra a mulher ou a cobertura de saneamento básico em cada região especificamente e de que maneira esses indicadores afetam as populações locais. Não há solução única para um problema, ainda que da mesma ordem, porque as consequências, muitas vezes, são diferentes.

Para avançar na escolha dos temas, são necessárias pesquisas dos principais dados relacionados a eles, especialmente, os relativos aos territórios de atuação dos candidatos. Por exemplo, sobre o tema saúde, devem ser apurados indicadores como a fila de espera nos hospitais, as principais doenças que acometem a população local, as causas recorrentes de afastamento do trabalho e de mortes, expectativa de vida etc. Em outro exemplo, sobre o tema educação, dados como nível de escolaridade, de analfabetismos infantil e adulto, avaliação das escolas e das universidades da região no Índice de Desenvolvimento da Educação Básica (Ideb) e no Exame Nacional de Desempenho dos Estudantes (Enade) são alguns dos tópicos a serem considerados para pautar a criação de propostas condizentes à realidade.

Esses dados são, frequentemente, disponibilizados por diversas fontes, como o Instituto de Pesquisa Econômica Aplicada (Ipea), o Instituto Brasileiro de Geografia e Estatística (IBGE), *sites* dos ministérios específicos, dados do Censo e do Atlas da Violência e as publicações de institutos regionais, além da base de dados abertos do governo federal.

Conhecer os indicadores sociais é indispensável nas campanhas, pois eles servem como alicerce para a formulação de propostas de políticas públicas, para análise da importância de cada questão para os públicos locais, para informar a equipe de comunicação na produção de conteúdo, para basear discursos, entre outros materiais.

Além de se aprofundarem nos dados, é importante que candidatos e equipes ouçam especialistas nos temas, a fim de promover a candidatura como a de alguém que se interessa e conhece as necessidades da população. Documentar, sistematizar e disponibilizar os dados com todos é a melhor maneira de ter conteúdo sempre qualificado e disponível, sejam quais forem as finalidades.

Outro meio relevante para diagnosticar as possibilidades da campanha é consultar os mapas de votação. Os dados de votação dos partidos, dos candidatos e das regiões eleitorais constam no mapa e são ótimos indicadores de desempenho. Pelo mapa, é possível saber também as áreas onde os partidos têm mais votos, o perfil socioeconômico desses locais, onde e com quais pautas os candidatos obtiveram mais votos e o que há de comum entre eles e os locais onde seus partidos tiveram melhores desempenhos.

Os mapas de votação ficam disponíveis no *site* do Tribunal Superior Eleitoral (TSE) e em plataformas como Datapedia, que permite ainda o cruzamento de dados socioeconômicos.

Para levantamento dos dados socioeconômicos, alguns indicadores são importantes e devem ser levados em consideração: Produto Interno Bruto (PIB), Índice de Desenvolvimento Humano (IDH), índices de desigualdade social, renda por região, distribuição etária, dados censitários em geral, dados sobre mobilidade etc. Esses dados servirão para basear as tomadas de decisão da campanha em diversos aspectos, como escolha de território, construção e adequação do discurso aos eleitores, escolha dos temas e posicionamento frente aos concorrentes.

Saber como os eleitores votaram nas últimas eleições é essencial para a análise das tendências de voto nas eleições seguintes. Com base nesses dados, podem ser planejados território de atuação e perfis dos eleitores nos quais a candidatura deverá focar.

É também na fase dos diagnósticos que surgem os primeiros indicadores sobre público-alvo e nichos (públicos estratégicos e muito específicos), para os quais devem ser elaboradas estratégias próprias. Nesse sentido, há algumas questões que devem ser respondidas e que podem orientar o rumo da campanha:

- Em quais nichos os candidatos têm mais entrada e quais lhes dão apoio?
- De que classes sociais e profissionais são?
- Há grupos organizados, redes, comunidades que podem aderir à campanha?
- Nas redes de relacionamentos profissional, pessoal ou política dos candidatos, é possível formar grupos de organização estratégica?

Quem concorre a um cargo eletivo pela primeira vez deve concentrar-se em identificar oportunidades em grupos ainda não atendidos por políticos tradicionais, como novas profissões ou organizações sociais. Podem também ser vinculadas a uma condição: ser mãe; pertencer a uma classe profissional, como professores ou profissionais autônomos; cultivar valores ideológicos condizentes a gerações ou grupos de pertencimentos, como os movimentos estudantis, ou ainda a posturas ideológicas dentro da escala econômica, como os mais identificados com a teoria liberal ou mais preocupados com a redução da desigualdade social.

Uma boa forma de descobrir qual será o nicho de um candidato é a análise de métricas que o Facebook disponibiliza. Uma das chaves desse processo é conferir o que as pessoas que seguem as páginas dos candidatos curtem. Existem ferramentas automatizadas para esse tipo de levantamento. Desse modo, é possível descobrir desde qual a personalidade política preferida desses grupos até o local que as pessoas frequentam, ou saber ainda quais são as afinidades do público dos candidatos por meio da segmentação.

Para finalizar, é necessário conhecer as lideranças dos territórios, que são vozes potentes para construção da ponte entre candidato e eleitores. Alguns fatores podem ser mapeados de acordo com interesses temáticos e área de atuação; localização; faixa etária que mais se identifica com tais perfis; estilo de perfil nas redes sociais digitais; nível de interesse por política e relacionamento com os candidatos etc.

Associar-se a lideranças locais, a blogueiros ou *influencers* pode gerar aproximação e identificação com o público desses indivíduos, mas é preciso atuar com cautela, pois erros alheios (o passado deles será vasculhado pelos opositores) podem repercutir na imagem do candidato, vale, então, uma boa pesquisa prévia a qualquer associação.

Com esses dados em mão, já é possível iniciar o processo de planejamento da campanha de modo embasado. A seguir, trataremos da questão dos concorrentes políticos.

(4.7)

ANÁLISE SOBRE OS CONCORRENTES

É muito importante que tanto os candidatos quanto as equipes saibam quem são seus concorrentes no pleito e conheçam quem concorrerá pelos mesmos votos. De maneira geral, os adversários podem ser classificados de três maneiras, a seguir delineadas.

A primeira é o concorrente territorial, aquele que está presente no mesmo território e disputa a atenção do público de uma mesma localidade. É mais comum em eleições regionais, como disputa de vereança e deputados estaduais. Não necessariamente precisam conjugar as mesmas pautas, basta que o eleitorado avalie ambos como líderes da localidade. Muitos deles formatam seus nomes com base nas localidades que representam, como o vereador Zezinho Sabará de Curitiba, que está em seu terceiro mandato e nomeia-se representante do bairro que leva esse nome na cidade.

A segunda é o concorrente temático, os candidatos que defendem as mesmas pautas, mas não obrigatoriamente com base no mesmo viés ideológico, uma vez que questões podem ser avaliadas e resolvidas por diferentes perspectivas. Um bom exemplo é o eleitorado que, preocupado com a questão da segurança, via o candidato à presidência Jair Bolsonaro (Partido Liberal–PL) e o candidato a deputado federal pelo Rio de Janeiro Marcelo Freixo (Partido Socialista Brasileiro–PSB), em 2018, como defensores dessa bandeira, optando por votar nos dois em nome da causa defendida, mesmo se tratando de dois candidatos com posições ideológicas extremamente opostas e com soluções diversas para a questão.

A terceira classificação é o concorrente partidário, candidaturas concorrentes dentro do mesmo partido, para cargos com disputa proporcional, em que mais de uma pessoa pode ser eleita, mas não todos. É recomendável que sejam avaliados elementos como realizações locais, históricos profissionais e acadêmicos, amplitude e alcance dos focos temáticos, representatividades de tradição ou inovação, relações com os partidos e militâncias, relacionamentos com lideranças locais e alcance dentro das plataformas de mídias digitais, para que as escolhas sejam as mais assertivas possíveis.

Nesse caso, surge um jogo dúbio, pois os votos de seu concorrente, por um lado, ajudam na contagem proporcional para a conquista de cadeiras, mas, por outro, são votos contrários na listagem final do partido, exigindo posturas neutras. A utilização, pelo partido, de candidatos puxadores de voto tem sido estratégia recorrente de alguns partidos, como o caso do Tiririca (PR/SP) em 2010, Eduardo Bolsonaro (PSL/SP) em 2018 ou ainda Nikolas Ferreira (PL/MG) em 2022.

É fundamental desenhar estratégias de atuação que criam particularidades e motivos ímpares para o voto, avaliando os concorrentes e ações que respeitem as regras do jogo, pois, como vimos, dentro do mesmo partido, há a concorrência e a parceria pela soma de votos.

Avaliar os adversários é ponto fundamental para qualquer candidato e, como destacamos, essas ações são de suma importância para a definição das estratégias de atuação dos candidatos. Por isso, vamos relembrá-las:

- identificar quem são os concorrentes temáticos, territoriais e intra-partidário dos candidatos;
- saber quantos votos esses receberam em eleições anteriores;
- traçar o mapa de votos individual;
- analisar o que diferencia o candidato de seus concorrentes;
- identificar suas características mais marcantes;
- relacionar o que os eleitores precisam saber sobre ele;

Para saber mais

METER, G. **Estratégia parlamentar**. Disponível em: <https://www.youtube.com/@estrategiaparlamentar>. Acesso em: 7 ago. 2023.

VITORINO, M. **Comunicação e marketing político**. Disponível em: <https://www.youtube.com/@marcelovitorino>. Acesso em: 7 ago. 2023.

Trata-se de dois canais com excelentes produções de conteúdo, com estratégias e dicas para campanhas de sucesso, dicas de atuação nas redes digitais, de mobilização de pessoal e de conversão de eleitores e outros temas relativos à campanha que foram abordados neste capítulo. O primeiro foi desenvolvido pela psicóloga, consultora de marketing político digital e analista de tendências digitais Gisele Meter. O segundo foi elaborado pelo consultor e professor de comunicação e marketing político digital Marcelo Vitorino.

Síntese

Neste capítulo, destacamos que o planejamento estratégico é de suma importância para o sucesso de uma campanha e deve ser iniciado já no período que chamamos de *pré-campanha*. Sua função primordial consiste no estudo dos recursos disponíveis (de equipe e de materiais) e nas ações necessárias, planejadas conforme as melhores possibilidades para atingir objetivos específicos, também previamente definidos.

Como explicamos, basicamente, algumas perguntas norteadoras devem ser respondidas (O quê? Por quê? Onde? Quando? Quem? Quanto? e Como?), e existem técnicas que auxiliarão na confecção dessas respostas. As principais técnicas utilizadas foram também examinadas neste capítulo, como a análise Swot, que permite uma compreensão profunda do cenário em que o candidato irá atuar; o Canvas do candidato, que permite analisar a trajetória pessoal, profissional e política do candidato e explorar as melhores histórias com base nessas informações, com a criação de personas; o Scrum, que prevê a maleabilidade que uma campanha deve ter, preparando-se para mudanças repentinas, que podem exigir a reorganização do planejamento, o qual não deve, portanto, ser engessado.

Com base no levantamento dessas informações, o planejamento estratégico pode ser feito e terá grandes chances de ser um planejamento de sucesso.

Questões para revisão

1. Assinale a alternativa que indica corretamente o que é planejamento estratégico:
    a) Conjunto de métodos utilizados para definir metas, promover ações, destinar recursos e tomar decisões que auxiliarão no sucesso de uma campanha.

b) Elaboração de esquemas para definir como o candidato deve agir, considerando quais as ações que ele deseja realizar, com base apenas em informações do próprio candidato.

c) Plano para decidir gastos da campanha, pois este é fator fundamental de toda campanha e molda todas as ações futuras.

d) Criação de uma planilha com características do candidato, com seus pontos fortes e fracos, que será utilizada para produção de propaganda política.

e) Criação de estratégias baseadas em múltiplos fatores e informações que, se adotadas integralmente, resultarão na vitória do candidato.

2. Assinale a alternativa que indica corretamente por que a pré-campanha é a etapa mais importante de uma candidatura:

a) Porque é um momento propício para fazer reuniões com apoiadores, aprofundar conhecimento sobre as expectativas dos eleitores e organizar a militância, desde que o candidato não peça votos.

b) Porque os candidatos podem planejar seus recursos, bem como estratégias para a arrecadação de fundos por meio de financiamento, mas essas estratégias serão executadas somente no futuro, quando permitidas.

c) Porque é quando os candidatos têm mais tempo para apresentar propostas e se tornar conhecidos pelos eleitores, estreitando laços, criando credibilidade e reconhecimento, mas sem pedir votos.

d) Porque é possível fazer campanha sem cumprir a legislação eleitoral, uma vez que ela ainda não está em vigor e os candidatos podem aproveitar o momento para conquistar seus eleitores com antecedência.

e) Porque, a partir da minirreforma de 2015, o impulsionamento de conteúdos nas redes sociais digitais passou a ser permitido, sendo uma maneira de ampliar as informações sobre o candidato nesse momento que antecede a campanha.

3. Assinale a alternativa que indica corretamente o que é análise Swot, ou Fofa:

a) Uma avaliação que indica quais as pessoas mais simpáticas das equipes de campanha, para que estejam à frente dela e em contato com a população.

b) Uma análise de referência para candidatos e equipes e o primeiro passo das campanhas. Serve para diagnóstico das candidaturas revelando pontos fracos e fortes dos candidatos, dos concorrentes e das oportunidades a serem exploradas no planejamento estratégico.

c) Um estudo sobre a personalidade dos candidatos que estabelece como eles podem se tornar mais simpáticos com os eleitores, atendendo a todas as demandas levantadas e cumprindo inúmeras promessas, para gerar comprometimento com a população

d) Um levantamento das características de personalidade de que os eleitores mais gostam nos políticos para atrair mais votos.

e) Uma análise combinatória de pontos fortes e fracos, apenas para a realização da campanha nos setores em que o candidato é avaliado por seus pontos fortes.

4. O que não pode faltar em um planejamento estratégico?

5. Quais são os pontos positivos em fazer uma avaliação de seus principais concorrentes em uma campanha eleitoral?

Questão para reflexão

1. Um bom planejamento estratégico é sinônimo de uma campanha de sucesso, mas o sucesso não é significativamente sinônimo de vitória no pleito. Como definir sucesso?
   Que outros fatores influenciam o alcance da vitória eleitoral?
   Reflita sobre essas questões e elabore um texto escrito com suas respostas.

PAULO LOIOLA TEIXEIRA

CONTEÚDOS DO CAPÍTULO:

- Formas legais de financiamento de campanha política.
- Planejamento de gastos.
- Captação de recursos: como atuar para a arrecadação de fundos e pessoal para uma campanha.

APÓS O ESTUDO DESTE CAPÍTULO, VOCÊ SERÁ CAPAZ DE:

1. utilizar corretamente os recursos provenientes do Fundo Partidário e do Fundo Eleitoral, exclusivos para campanhas políticas;
2. organizar os recursos, prevendo as despesas obrigatórias e fixas de uma campanha e planejando os melhores investimentos para a campanha;
3. criar estratégias para a captação de recursos, sabendo como agir, a quem procurar e como conseguir arrecadar dinheiro e pessoal para trabalhar em sua campanha.

Os recursos que candidatos e partidos dispõem para despesas vão desde o custeio como pagamentos de serviços, passagens aéreas e de pessoal, até os investimentos nas campanhas eleitorais. As verbas que compõem o orçamento dos partidos e das campanhas têm origem nas doações de pessoas físicas às fontes de financiamento público que serão detalhadas neste capítulo.

Convém salientar que, de acordo com a legislação, existem limites de gastos, definidos de acordo com o cargo em disputa e atualizados pelo Tribunal Superior Eleitoral (TSE) a cada pleito.

(5.1)

FINANCIAMENTO PÚBLICO

Atualmente, os partidos políticos brasileiros dispõem de duas fontes de recursos provenientes de financiamento público para custear as campanhas eleitorais[1]. Trata-se do Fundo Especial para Financiamento de Campanha (FEFC), comumente conhecido apenas como Fundo Eleitoral, e do Fundo Especial de Assistência Financeira aos Partidos Políticos, comumente nominado apenas de Fundo Partidário. Embora tenham nomenclaturas parecidas, a destinação e fontes de renda de cada um são bastante diferentes.

5.1.1 FUNDO PARTIDÁRIO

Segundo publicação do TSE, o Fundo Partidário é destinado à manutenção dos partidos e é distribuído mensalmente, a fim de arcar com despesas cotidianas de manutenção de espaços (contas de água e de

---

1   Existe também o horário gratuito de propaganda eleitoral, que é "gratuito" aos partidos, mas não ao Estado, já que as emissoras de rádio e TV recebem abono fiscal pela retransmissão.

luz, aluguel, salários de funcionários e outras). Desde 2019, após a minirreforma eleitoral, seus recursos também podem ser destinados para a promoção de impulsionamento de conteúdo na internet, além de compra de passagens aéreas para não filiados e a contratação de serviços especializados, como os atendimentos prestados por advogados e contadores (TSE, 2023b).

Regulamentado pela Lei n. 9.096, de 19 de setembro de 1995, conhecida como Lei dos Partidos Políticos, a norma utilizada para definir o cálculo do Fundo Partidário prevê que esse valor seja superior ao número de eleitores inscritos no último dia do ano anterior (31 de dezembro) ao da proposta orçamentária, posteriormente multiplicados por 35 centavos de real, em referência a valores de agosto de 1995 (Brasil, 1995). Esse valor é retificado a cada ano pelo Índice Nacional de Preços ao Consumidor Amplo (IPCA).

Ainda com dados do próprio TSE, em 2019, por meio desse fundo, foram repassados 927 milhões de reais aos partidos; em 2020, 953 milhões e, em 2021, foram 939 milhões de reais.

A regra que determina como ocorrerá a distribuição dos valores entre os partidos políticos se divide em duas parcelas percentuais: 5% do montante arrecadado é distribuído de modo igualitário entre todos os partidos legalmente registrados e os 95% restantes são distribuídos de modo proporcional, usando como base o número de deputados que cada partido tem na Câmara dos Deputados.

5.1.2 Fundo Eleitoral

Com o fim do financiamento privado de campanhas em 2015, quando as doações de pessoas jurídicas para campanhas políticas foram proibidas, os recursos para o pleito ficaram escassos e, em 2017, o Congresso Nacional aprovou, por meio da Lei n. 13.487, de 6 de outubro, a criação do Fundo Especial de Financiamento de Campanha (FEFC), conhecido como Fundo Eleitoral, voltado exclusivamente ao financiamento de campanhas e só pode ser utilizado no ano da eleição (Brasil, 2017a).

A arrecadação de verbas provém de orçamentos da União, de multas e penalidades aplicadas na própria esfera eleitoral, de doações de pessoas físicas depositadas diretamente nas contas dos partidos (abertas especificamente para o FEFC) e outros recursos atribuídos por lei.

A regra que determina como ocorrerá a distribuição dos valores é definida pela Lei Orçamentária Anual (LOA), e o responsável pelo repasse dos valores aos diretórios nacionais dos partidos é o TSE.

O cálculo de distribuição feito é o seguinte (sempre considerando os valores totais arrecadados):

1. valor destinado à distribuição igualitária entre todos os partidos: 2%;
2. valor destinado aos partidos com, pelo menos, um representante na Câmara dos Deputados: 35%;
3. valor dividido entre partidos, considerando, proporcionalmente, o número de seus representantes na Câmara: 48%;
4. valor dividido entre partidos, considerando, proporcionalmente, o número de seus representantes no Senado: 15%.

Novamente trazendo dados retirados da página do TSE, em 2018 foram distribuídos 1,7 bilhão de reais. Na eleição seguinte, em 2020, o montante foi de 2,03 bilhões de reais (TSE, 2019a; 2022b).

Também por resolução do Fundo Eleitoral – Lei n. 13.487/2017, o número de mulheres e pessoas negras eleitas para a Câmara dos Deputados conta em dobro para fins de distribuição dos recursos (Brasil, 2017a). No entanto, esses recursos somente ficarão disponíveis depois de o partido definir os critérios para sua distribuição, que devem ser aprovados pela maioria absoluta dos integrantes da direção executiva nacional.

Por fim, a Resolução do TSE n. 23.607, de 17 de dezembro de 2019, determina que "as verbas do Fundo Eleitoral que não forem utilizadas nas campanhas deverão ser devolvidas ao Tesouro Nacional juntamente com a prestação de contas" (TSE, 2019c).

(5.2)

PLANEJAMENTO DE GASTOS

Com os recursos da campanha captados e mensurados, a próxima etapa consiste em planejar os gastos.

Salles e Loiola (2020) listam os aspectos do planejamento que devem ser levados em conta para a avaliação de recursos e planejamento de gastos:

1. a quantidade de votos estimados da região;
2. o potencial de captação de recursos;
3. a estratégia de comunicação que será empregada de modo uniforme;
4. o cargo disputado;
5. o capital político que o candidato já possui;
6. sua capacidade de articulação;
7. as bases de seu relacionamento e o reconhecimento recebido do partido;
8. o nível de profissionalismo das pessoas que irão compor sua equipe;
9. o nível de exposição desejado;
10. a força do voluntariado; entre outros fatores.

O orçamento é uma das grandes dificuldades de decisão de uma campanha, por isso praticamente todas as campanhas terão impasses quanto a essa questão em algum momento, sobretudo pela dificuldade inicial de delimitarmos o teto de custos, agravada pela falta de profissionais com essa habilidade e que estejam disponíveis no mercado.

As prioridades para os diferentes orçamentos são definidas no momento em que estabelecemos a destinação dos recursos. Há candidatos (equipes de campanha) que preferem investir mais nas mídias digitais, outros em mobilização de pessoal, outros em viagens e visitas; as decisões de gastos são referentes às estratégias de campanha e aos *feedbacks* referentes aos investimentos mais rentáveis.

> ### Importante!
> O volume máximo de recursos que uma campanha eleitoral pode arrecadar é limitado por lei e em função do cargo em disputa. Esse deve ser um ponto de atenção para que a lei não seja infringida.

Com a proibição das doações feitas por pessoas jurídicas, coube aos candidatos novas opções de financiamento: o coletivo e o proveniente do Fundo Partidário.

Com relação a essa questão, alguns pontos devem ser observados na dotação orçamentária da campanha. Salles e Loiola (2020) listam esses pontos de atenção:

1. Além de recursos financeiros, recursos pessoais também devem ser contabilizados em qualquer campanha: os voluntários e militantes também são considerados recursos e são fundamentais para o andamento de uma campanha. Quanto ao capital humano,

a contratação de uma equipe de bons profissionais especializados é uma necessidade de toda campanha, a fim de lidar com a parte burocrática sem entraves. Na falta de um profissional, o orçamento deve ser confiado a pessoas capazes de organizar muito bem as contas da campanha. Problemas com orçamento são impeditivos para o futuro. Podem, inclusive, tornar um candidato inelegível.

2. Para a previsão do orçamento destinado à divulgação, é necessário, inicialmente, que sejam mapeadas a quantidade de apoiadores que irão receber material físico e qual será sua capacidade de distribuição, para que não haja erros da quantidade de material produzido (nem a mais, nem a menos, ambos os casos são prejudiciais conforme suas especificidades). A capacidade de entrega da equipe dedicada à distribuição do material de campanha deve ser frequentemente testada para evitar perda de material, que pode ficar ultrapassado.

3. Cabe pesquisar os valores e as cotações das gráficas, pois eles mudam significativamente com o aumento da demanda no período eleitoral. Fazer negociações e pedidos com antecedência, fechando "pacotes" de serviço é uma boa estratégia para a conquista de melhores preços. Convém ter alguém encarregado dessa tarefa, que já pode negociar desde o período pré-eleitoral (considerado um ótimo momento para mapear bons fornecedores). É bom também manter fornecedores reservas relacionados, para o caso de os principais não conseguirem atender.

4. Recomendamos fazer pedidos em fases distintas para que os materiais possam ser produzidos contextualmente e mantenham-se atualizados com relação aos momentos pelos quais a campanha passa.

5. Devem ser mantidos recursos extras para aumento dos preços, sobretudo mais perto do fim da campanha, considerando ainda que transações emergenciais, sem tempo para negociações e prazos apertados de entrega, podem ocorrer, o que pode encarecer o pedido.

6. As mídias digitais são de extrema relevância nas campanhas, portanto é preciso ter reserva financeira para gastar com impulsionamento e divulgações diversas. Essa prática tem se mostrado de absoluto sucesso e não deve ser negligenciada. A contratação de profissionais especializados e totalmente dedicados a essa área é essencial bem como acompanhar métricas e analisar que tipos de materiais, temas, horários, públicos trazem mais retorno.

7. A utilização de fotos dobradas, com candidatos a cargos distintos, expressando apoio mútuo é uma boa estratégia para diminuição de custos de impressão, além de poder reforçar a imagem do candidato pelo apoio recebido.

8. No período de campanha, o orçamento deve ter planejamento semanal para melhor controle de entradas e saídas.

9. O material de campanha deve ficar em local central e de fácil acesso para a base, com planejamento para sua distribuição para a base de militância, por meio de campanhas nas mídias digitais, por exemplo.

10. Respeitando a burocracia e a legislação, a declaração de serviços voluntários deve ser baseada no valor de mercado do serviço prestado e são necessários recibos emitidos pelos voluntários.

11. A última semana da campanha é sempre a mais importante, por isso uma parcela significativa do orçamento deve ser reservada para ser utilizada nessa etapa, tanto em impulsionamento nas mídias digitais quanto no fortalecimento da equipe de rua.

Tipos de despesas em campanhas

Algumas despesas são fixas de qualquer campanha e devem ser listadas e mantidas no orçamento permanente. São elas:

1. Elaboração da logística de pessoal – despesas relativas a toda mobilização necessária da força tarefa: distribuição da equipe de rua, custos de transporte (local e viagens do candidato/equipe), custos de estada (hotéis e passagens) e todos os custos vinculados à atuação fora da área de moradia, tanto do candidato quanto de equipe de trabalho que precise se locomover.

2. Material impresso – despesas relativas a todo material visual e de distribuição, como: panfletos, *folders*, jornais, bandeiras, camisas, santinhos, faixas, adesivos (diversos formatos). Esses são os gastos mais comuns da campanha.

3. Pessoal próprio – custo com equipe de profissionais contratados ou pessoas remuneradas que trabalharão na campanha, incluindo custos de transporte, já citados, pagamentos de diárias ou contratos de trabalho (quando não se tratar de voluntários) e com a alimentação.

4. Pessoal terceirizado – gastos com contratos além dos vinculados à campanha, como gastos com agências de comunicação (gravações de propaganda eleitoral, despesas com a criação e manutenção de *site* e criação de *cards* e materiais de postagem para redes sociais digitais), contratação de pesquisas de opinião, contadores, advogados, consultorias e afins; são gastos de contratação de prestação de serviços.

5. Organização de eventos – custos relacionados à produção de eventos diversos que precisam causar impacto na percepção dos eleitores, como o lançamento da pré-campanha e da campanha,

ou de eventos organizados para agrupar e consolidar a base de apoio, entre outros. Devem estar previstos os custos com o local, equipe de trabalho, decoração, montagem e desmontagem de palanque e estrutura, alimentação, equipamentos eletrônicos que serão utilizados em geral etc.; muitas vezes, contratamos alguma agência para essa organização de estrutura.

6. Distribuição de material impresso (via mala direta) – são os custos burocráticos (etiquetas e envelopes), impressão, pessoal responsável e custos dos serviços prestados pelos correios.

7. Custos dos comitês – custos com aluguel do espaço, com equipe de trabalho e manutenção, com as contas de funcionamento (energia elétrica, telefone, água), compra de móveis, utensílios, instalação de computadores, impressoras etc.

8. Segurança – polarização, dissipação dos valores democráticos e onda de violência urbana ou contra militantes e ativistas cada vez mais crescentes têm imposto a necessidade de gastos para garantir a segurança física do candidato e de sua equipe.

(5.4)

CAPTAÇÃO DE RECURSOS

Captar recursos é essencial em uma campanha. Atualmente, há duas formas de captar recursos para a campanha: o acesso ao Fundo Eleitoral e as doações de pessoas físicas.

É recomendável centrar-se nas doações de pessoas físicas, já que as escolhas de distribuição de verbas partidárias têm limitada margem de negociação. A mobilização de arrecadação de fundos por plataformas como *crowdfunding* pode ser lançada alguns meses antes do início da campanha, é preciso ficar atento ao calendário eleitoral.

Essa ferramenta é detalhada na Seção 5.5. Os recursos arrecadados devem ser depositados em uma conta exclusivamente destinada para esse fim. Já os pagamentos das despesas de custeio somente poderão ser efetuados com esses recursos quando a candidatura estiver efetivamente registrada e já iniciados os 45 dias de campanha.

Durante a pré-campanha mais distante, o candidato não pode captar recursos (só a partir de data preestabelecida pelo TSE), tampouco utilizar doações para custeio, nem mesmo de pleitos anteriores. Portanto, esse investimento só pode ser feito com recursos próprios, o que favorece os candidatos com mais condições financeiras.

É bom termos em mente que o processo de captação envolve literalmente pedir ajuda, sobretudo financeira, por meio das doações. Essa é uma habilidade essencial para profissionais da política. Quanto a isso, algumas recomendações são importantes nesse processo:

1. Planejamento: mapear potenciais doadores em uma planilha e controlar os resultados.
2. Apresentação: elaborar uma apresentação profissional do candidato, sobre seus valores, suas potencialidades, quais suas estratégias eleitorais, suas propostas, avaliar o cenário externo, a ideologia do candidato e sua história, procurando demonstrar sempre sua viabilidade eleitoral. O texto destinado à captação deve ser claro e conciso. Procurar usar pequenas frases que deixem expresso o diferencial e o potencial do candidato. Vale lembrar que as pessoas ainda não estão ativamente buscando informações sobre as candidaturas.
3. Mobilização: discursos emocionais são muito importantes nesse processo, a fim de mobilizar o eleitor a lutar e contribuir por sua causa, bem como entender o público ao qual a campanha está se dirigindo, alinhando seu discurso a essa informação.

4. Maximizar a ajuda: aproveitar os doadores, principalmente os de baixas quantias, para engajá-los propondo outros tipos de ajuda, não necessariamente em dinheiro, mas a conquista de votos para si. Doadores tendem a ser eleitores super engajados.

5. Investir no público certo: a cultura de doação, mesmo não estabelecida no Brasil, tem demonstrado exponencial crescimento, principalmente nos grandes centros urbanos e entre pessoas pertencentes à população de classe média e de elevado nível intelectual. Outros públicos também têm potencialidades ímpares e serão apresentados mais adiante, dentro de suas singularidades.

6. Analisar o calendário: devemos evitar coincidir agendas com grandes eventos, como Copa do Mundo ou Olimpíadas.

7. Divulgação massiva: para anunciar a campanha de arrecadação, devemos usar e abusar das mídias digitais como Instagram, Facebook e WhatsApp; o uso da base de contatos (*newsletter*) para divulgar a campanha também é eficaz, além de utilizar o impulsionamento para atingir novos públicos.

8. Aproveitar os momentos: utilizar os marcos da campanha, os eventos de lançamento, as pesquisas favoráveis, os dias de *live* e as notícias na mídia para intensificar o pedido de ajuda. Ter como escopo sair dos eventos com cheques ou transferências feitas por aplicativos. Os primeiros dias são essenciais, então, é uma estratégia especial organizar a militância para doar no primeiro dia, causando impactos na arrecadação, o que mobiliza mais pessoas a doarem também.

9. Apresentar gastos: ter metas claras e indicar onde o dinheiro arrecadado será aplicado. Criar pequenas metas de arrecadação para determinadas ações é uma forma de mobilização.

10. Otimizar a presença do candidato: reservar tempo do candidato para a captação. O envolvimento dele é essencial, o contato direto com doadores aumenta consideravelmente as chances de receber financiamento. Devemos também analisar a relação custo/benefício das ações para captação. Ações que exijam muita energia e tenham baixo potencial de arrecadação não devem ser feitas.

11. Estar sempre prevenido: manter sempre em posse as informações e os equipamentos necessários para viabilizar uma doação, o impulso momentâneo pode ser um forte aliado e não pode ser perdido. Igualmente importante é ter em mãos dados orçamentários da campanha e buscar memorizar as demandas, a fim de atender prontamente pedidos de informações dos doadores.

12. Calcular a viabilidade dos pedidos: fazer pedidos viáveis, a campanha custará X, mas não é preciso pedir X a todo mundo. Dividir os pedidos de doações entre múltiplos financiadores, diminuindo a dependência e aumentando a chance de a campanha obter mais volume de financiamento é uma estratégia.

13. Estudar sobre potenciais doadores: analisar os perfis e usar as listas de doadores de campanhas similares. Buscar conselhos nos apoiadores da campanha é uma forma de valorizar e obter boas informações da rede. Reforçar similaridades, interesses e amigos em comum aos doadores aumenta as chances de conseguir a doação.

Um primeiro incentivo para as doações é a elaboração de um vídeo inaugural na pré-campanha apresentando o candidato aos eleitores e deixando claro quais são seus valores e seu histórico, mostrando sua credibilidade e sua autoridade perante os temas escolhidos para serem trabalhados. Nesse momento, ainda é irregular falar e apresentar propostas, porém as pautas e os temas que ele defende e nos quais pretende atuar podem ser abordados por meio de exemplos do cotidiano, estudos realizados, matérias jornalísticas, atuação perante a sociedade civil ou como parlamentar (para os que já ocupam cargos) e outros feitos que corroborem com o posicionamento assumido.

No vídeo inaugural, devem constar explicações sobre como funciona o processo de doação *on-line*, dado que, por ser um meio recente, há muita desinformação, dúvidas e desconfiança sobre o tema e como proceder. O objetivo é conquistar eleitores.

Segundo Salles e Loiola (2020), no início da campanha de financiamento coletivo, deve ser preestabelecido um valor médio, que seja o norte da primeira meta de arrecadação a ser atingida, as metas devem ser realistas, para não gerar frustração desnecessária à equipe e à campanha.

As pessoas tendem a apostar mais em candidaturas que demonstrar "estar dando certo", então, manter percentuais próximos à meta estimulada gerará uma sensação de sucesso e engajamento. Do contrário, com níveis muito abaixo do estipulado, certamente surgirão mais dificuldades para decolar a campanha, pois transmitirá uma mensagem de repúdio.

Por isso, um bom planejamento e mapeamento de doadores na fase inicial são essenciais, pois receber doações significativas nos primeiros dias, juntando um montante expressivo, causa impactos de engajamento e transmite a sensação de que se trata de uma campanha vitoriosa e de sucesso, já com muitos apoiadores.

Reforçando as ideias apresentadas, uma boa estratégia de compartilhamento é mapear quem é a rede mais próxima do candidato, relacionando uma média de pessoas que, potencialmente, farão a aposta inicial na campanha, sendo as primeiras a doar. Outras ações possíveis são a autodoação, quando o candidato investe recursos próprios; doações de família e amigos; e o estímulo às pequenas doações.

A promoção de eventos como almoços e jantares, sorteios e rifas também são ótimas iniciativas para captar recursos, além de funcionarem como espaço de engajamento e de distribuição de material de campanha para o público presente.

A criação de uma planilha para acompanhar esse processo de conquista de doadores e doações é fundamental para o controle da campanha, bem como segmentar o discurso para cada perfil de doador considerando seu potencial de doação e os motivos que incentivam as doações em determinada categoria.

Existem alguns perfis de públicos que, habitualmente, tendem a doar para campanhas eleitorais, além dos já citados em relação à classe social e nível de instrução. São eles:

- amigos que podem dar algum tipo de apoio ao candidato;
- políticos locais que possam ter interesse em ampliar suas bases e que podem conceder ao candidato algum tipo de espaço ou apoio;
- empresários da região com interesses alinhados;
- pessoas alinhadas à atuação política do candidato em sindicatos, fundações, ONGs e afins;
- pessoas e profissionais com interesse em entrar, manter-se ou progredir na vida política, como potenciais assessores, secretários ou candidatos futuros a outras campanhas;
- políticos com adversários em comum aos seus;
- ativistas e militantes das causas defendidas pelo candidato.

Além das estratégias citadas de arrecadação, como almoços e jantares, algumas outras apresentam potencialidade significativa, como a realização de cursos e palestras, organização de encontros exclusivos com celebridades e leilões.

Artistas engajados com as causas do candidato, por exemplo, podem doar os recursos obtidos com a venda de suas obras e seus trabalhos. Essa é uma forma de atrair o público sem necessariamente estar pedindo dinheiro diretamente para a campanha.

Vale ressaltar que, para uma boa captação de recursos, é fundamental levar em conta a periodicidade de contato, a contínua atualização do perfil e dos interesses dos doadores, o acompanhamento das doações e a verificação da origem e dos valores, para garantir que sejam compatíveis com a legislação eleitoral vigente.

Por fim, será necessário promover ações para encontros com doadores frequentes, para controle da equipe, de prestação de contas, de contato com patrocinadores para sanar dúvidas e estimular mais doações, além de outras necessidades que possam surgir.

Convém reforçar que toda essa captação de recursos deve ser contabilizada para a prestação de contas. É preciso ter muito cuidado nesse momento, principalmente para a proibição de doações feitas por empresas ou doações de pessoas físicas que sejam acima do valor diário permitido (R$ 1.064,00) ou total (até 10% do imposto de renda)[2].

As doações oriundas de pessoas estrangeiras, mesmo residentes ou naturalizadas, precisam passar por um processo burocrático de comprovação de origem nacional de suas rendas.

(5.5)

FINANCIAMENTO COLETIVO (*CROWDFUNDING*)

O *crowdfunding* (ou financiamento coletivo, ou ainda, "abrasileirado" como vaquinha *on-line*) é um modelo de financiamento voltado para pequenos doadores e que pode tornar viável a realização de campanhas sem incentivos partidários. Essa tem se mostrado uma tendência, obtendo recordes em projetos de financiamento coletivo, sobretudo no cenário internacional, que tem esse modelo como protagonista

---

2   *Os valores são relativos aos praticados no ano de 2022.*

em campanhas vitoriosas. As ações de *crowdfunding* são muito úteis, sobretudo no período eleitoral, pois ajudam a viabilizar financeiramente projetos que auxiliem o candidato a alavancar sua imagem e a fortificar sua base de seguidores.

Sua principal função é a captação de recursos, mas ele também pode ser utilizado para mensurar a receptividade do público às ideias e propostas apresentadas pelos candidatos. Sua utilização deve ser complementar a outras técnicas de captação, jamais exclusiva. É fortemente recomendado que esse recurso seja combinado a outras estratégias.

Baseado nos argumentos da Apostila Benfeitoria, produzida pela Universidade de Financiamento Coletivo, as fases que compõem um projeto de *crowdfunding* são: (1) o envio do rascunho do projeto, (2) seguido de planejamento, (3) a fase de arrecadação e (4) a ativação da rede e sua realização propriamente, incluindo o envio das recompensas, que, quando existentes, deve ser iniciado imediatamente ao fim da campanha de arrecadação (UFC, 2023).

Na fase de rascunho, estarão presentes as primeiras ideias e o conceito do projeto, recompensas, valores esperados e afins. Nesse momento, é preciso estabelecer o valor que o projeto pretende gerar e adequar o sistema de recompensas ao seu custo. Para facilitar essa projeção, é muito importante contar com a experiência de um consultor em financiamento coletivo para aumentar as chances de sucesso da campanha.

No planejamento, é preciso alinhar a responsabilidade entre a candidatura e a plataforma, amadurecer os termos do rascunho, definir metas e o orçamento do projeto, bem como a linha para produção de textos, vídeos e imagens, até que a ação esteja pronta para ser lançada. Tem se demonstrado necessário um período de, ao menos, três semanas dedicadas ao planejamento.

Nas metas de arrecadação traçadas, além de cobrir o orçamento desejado, também será necessário prever o custo de produção dos materiais de divulgação (vídeo e imagens), de produção e envio das recompensas (importante salientar que estas são autorizadas somente até a declaração oficial da pré-candidatura), os custos das taxas de serviço praticadas, sob o risco de inviabilizar os ganhos, caso esses não sejam embutidos nas metas. Na arrecadação, é fundamental acompanhar e ativar as redes de doadores e fortalecê-las nas mídias digitais do candidato, somadas ao planejamento e execução das ações *off-line* para engajar pessoas que não acessam mídias digitais. A utilização de boletos previamente impressos, com valores diversos, é uma estratégia complementar para arrecadação de fundos.

É de extrema importância que toda a equipe da campanha seja engajada, auxiliando de muitas formas no processo de *crowdfunding*, escrevendo sobre isso nas redes digitais pessoais e abordando as pessoas próximas, por exemplos. Essa motivação deve também ser incentivada entre os doadores, com a criação de estratégias que aumentem a disposição dos apoiadores em divulgar a rede e aumentar o alcance da arrecadação.

Ainda segundo as orientações da Apostila da Benfeitoria (UFC, 2023), devem ser observados os seguintes pontos, com estratégias que se mostram assertivas de atuação:

- solicitar a doação de valores mais baixos, pois esses atraem a participação de mais classes e permitem que todos colaborem (valores como dez ou quinze reais);
- os valores entre 30 e 100 reais mostram-se os mais escolhidos para doações, então, devem ser as opções com maior destaque na plataforma.

Importante relembrar que, no uso de plataformas de financiamento coletivo, há a prática de um valor administrativo cobrado, que varia em percentual de arrecadação e deve ser observado no momento da contratação, de modo a evitar problemas e erro de cálculos financeiros em relação aos valores arrecadados.

Por fim, ressaltamos que essa forma de arrecadação ocorre exclusivamente por meio da internet e de aplicativos eletrônicos, controlados por empresas que são especializadas na oferta desse tipo de serviço e que devem estar previamente cadastradas na Justiça Eleitoral. Em 2022, segundo dados do TSE, 14 empresas estavam cadastradas corretamente (TSE, 2022a).

> **Para saber mais**
>
> THE SQUARE (A Praça Tahrir). Documentário. Direção: Jehane Noujaim, Egito/EUA: Noujaim Films, 2013. 105 min.
>
> Esse documentário retrata os eventos da Praça Tahrir, no Cairo, durante a Revolução Egípcia em 2011. Embora não se concentre, exclusivamente, no financiamento coletivo, aborda a mobilização de recursos e o poder da coletividade na busca por mudança social. Disponível nas plataformas Netflix e Amazon Prime Video.

Síntese

Neste capítulo, enfatizamos que a questão orçamentária é fundamental em uma organização de campanha, tanto para definir ações quanto por seus limites burocráticos, que devem ser cumpridos à risca, sob o risco de uma impugnação eleitoral.

Prever o montante de recursos necessários (não somente financeiros, mas também de voluntariado) e planejar formas de conquistá-los, sobretudo por financiamento coletivo, é o que direcionará as ações de uma campanha.

É fundamental listar e trabalhar com perfis que se mostrem mais aptos ao engajamento, tanto para o auxílio financeiro quanto para a militância e trabalho voluntário. Esses perfis são específicos de cada candidato e direcionados também pelo cargo em disputa. Existem alguns padrões que podem ser utilizados como referências para a busca por pessoal: pessoas próximas ao candidato, que partilham de relações afetivas e de amizade; políticos locais para estabelecimento de apoio; empresários, artistas e ativistas engajados em causas e interesses comuns.

Por fim, esclarecemos que o *crowdfunding* deve ser planejado e organizado dentro das normas eleitorais, e o candidato não pode ter vergonha de pedir ajuda financeira, promovendo eventos, visitando espaços e engajando a comunidade em sua campanha, para que o apoio financeiro seja visto como uma forma ativa de participação e apoio.

Ressaltamos que é imprescindível que esse cálculo considere a existência de limites de arrecadação, que são determinados pela lei eleitoral e relativos aos cargos em disputa.

Questões para revisão

1. Em que consiste o orçamento de uma campanha?

2. Quais são as duas fontes de financiamento público? Em que momento elas podem ser solicitadas e utilizadas?

3. Assinale a alternativa que indica como planejar corretamente os gastos de campanha:

a) O montante proveniente da captação de recursos é o que vai definir onde devem ser aplicados os recursos de campanha. Então, primeiramente, é realizada a arrecadação total da campanha e, depois, é elaborado o planejamento, com base nesses dados.

b) Os gastos de campanha devem ser planejados criteriosamente, como em qualquer outra situação, considerando receitas e despesas, sem limites de arrecadação ou investimentos, o que o torna flexível. Quem receber mais, portanto, poderá gastar mais.

c) É preciso definir prioridades para os diferentes orçamentos, mapeando quais áreas são obrigatórias e quais áreas serão prioridades perante outras. Essas decisões são particulares de cada campanha, de acordo com as estratégias que serão adotadas e podem ser redefinidas de acordo com a arrecadação.

d) O planejamento de gastos nas campanhas é baseado nos preços vigentes do momento, portanto, ao fazermos esse levantamento, é possível determinar quanto custará a campanha e delimitar quais serão os gastos com cada item.

e) Os gastos de uma campanha devem ser listados hierarquicamente, prevendo os custos obrigatórios e os custos opcionais. Uma estratégia comum é recorrer a trabalhadores voluntários, que não geram custos à campanha e não precisam ser declarados, facilitando que o teto de gastos não seja atingido.

4. Assinale a alternativa correta a respeito dos financiamentos coletivos (*crowdfunding*):

   a) Trata-se de um modelo voltado para microdoações, de contatos pessoais e de apoiadores, desde que sejam, sempre, pessoas físicas. Outra ação possível é a autodoação, quando o candidato investe recursos próprios.

   b) Os financiamentos coletivos, também chamados de *vaquinhas*, são formas de arrecadação legalizadas e que podem ser feitos em qualquer plataforma ou evento, respeitando, sempre, os tetos de arrecadação de cada cargo.

   c) Financiamentos coletivos são formas de arrecadação criadas por empresas ou por um grupo de pessoas que se unem para financiar as campanhas dos candidatos, doando recursos e declarando-os futuramente.

   d) *Crowdfunding*, conforme tradução do inglês, significa "fundo de multidão". Portanto, são os financiamentos feitos por grandes grupos de eleitores (associações, comunidades etc.), sendo macrodoações.

   e) Financiamentos coletivos são doações feitas por cidadãos que almejam contribuir com determinadas candidaturas, mas, como são coletivas, primeiro, são repassadas aos partidos e, depois, redistribuídas de modo igualitário entre todos os candidatos do partido.

5. Assinale a alternativa **incorreta** sobre uma fonte alternativa de captação de recursos, dentro dos períodos permitidos:

   a) Promoção de almoços e jantares por adesão.

   b) Realização de sorteios, rifas e leilões.

   c) Oferta de cursos e palestras por adesão.

d) Encontros com celebridades e pedidos direto de apoio e doações nesses eventos.

e) Utilização de bens e serviços de empresas e pessoas jurídicas.

Questões para reflexão

1. O financiamento coletivo de campanha eleitoral é uma alternativa viável e democrática para diminuir a dependência de interesses privados e garantir maior participação cidadã. No entanto, ele pode resultar em desafios, como a ampliação das desigualdades de recursos e a falta de transparência nos processos de arrecadação. Como equilibrar essas questões em prol de um processo eleitoral mais justo e representativo?

2. Como promover princípios que visem garantir que o financiamento coletivo seja verdadeiramente inclusivo, representativo e equilibrado, respeitando os princípios do jogo democrático?

Capítulo 6

Mobilização e marketing de conteúdo

Paulo Loiola Teixeira

CONTEÚDOS DO CAPÍTULO:

- Formas de mobilização de apoiadores e militantes.
- Criação de autoridade e a importância para a fidelização de militantes.
- Estratégias de captação de eleitores.

APÓS O ESTUDO DESTE CAPÍTULO, VOCÊ SERÁ CAPAZ DE:

1. compreender quais os pré-requisitos para organização de diversas formas de mobilização, presenciais ou *on-line*;
2. criar estratégias para fidelizar os simpatizantes, transformando-os em potenciais apoiadores e militantes, por meio da construção de atos e narrativas que transformem o candidato em autoridade em determinados temas e causas;
3. delinear ações para conversão de cidadãos em potenciais eleitores, definindo estratégias diversas para cada etapa em que os cidadãos podem estar em relação ao candidato.

A *mobilização,* como o próprio termo sugere, é a união de pessoas em torno de um propósito; neste caso, trata-se de eleger o candidato. A mobilização é essencialmente voluntária, mas, obrigatoriamente, deve ser conduzida e coordenada pela equipe de comunicação. As ações de apoio podem ocorrer tanto de modo presencial quanto virtual. O processo de reunir apoios é estratégico nas campanhas e há medidas que precisam ser adotadas nas ruas e no ambiente *on-line.* Assim como em todos os outros processos da campanha, uma mobilização de sucesso é fruto de planejamento e análise.

(6.1)

FORMAS DE MOBILIZAÇÃO

Segundo Salles e Loiola (2020), a primeira forma de mobilização é a de rua, que pode acontecer de diversas maneiras e, entre as principais, podemos citar: manifestações, passeatas, comícios, discursos em espaços abertos, panelaços, buzinaços e caminhadas. Outras formas são específicas do período eleitoral, como convenções, bandeiraços, organização de comícios (que devem cumprir normas burocráticas, como receber aval para realização), carreatas, panfletagens, entre outras ações. Comícios e carreatas são as formas mais usuais e com melhores taxas de resposta.

Para ser avaliada como bem-sucedida, a mobilização de rua de uma campanha política precisa atender a alguns pré-requisitos: (1) coletar dados qualificados; (2) estabelecer uma boa comunicação com a população impactada, o que inclui material gráfico, discurso direcionado, cobertura para gerar conteúdo e imagens de divulgação (fotos e vídeos); (3) dispor de logística, como equipamentos, montagem e desmontagem, incluindo limpeza; (4) agitação prévia, criando expectativas para sua realização e ações pós-evento, o que inclui agradecimentos e avaliação dos resultados alcançados.

Nessas mobilizações, é essencial demonstrar que o candidato tem popularidade, ou seja, que consegue reunir um público considerável. Durante esses eventos, é importante registrar imagens que demonstrem apoio ao candidato e promover um ambiente animado e que gere credibilidade e confiança.

Já a panfletagem é uma das ações mais relevantes, por isso devem ser escolhidos pontos estratégicos de fluxo intenso de pessoas, como locais com centro comerciais, ruas com bares (sobretudo pelo público jovem), saídas de terminais de ônibus, trens e metrô, entre outros, sem descuidar da limpeza dos locais. O material gráfico espalhado nas ruas é passível de multa e de outras penalidades à campanha pela Justiça Eleitoral.

Uma forma crescente de mobilização tem sido a digital, que é composta por algumas ações distintas: *lives*, movimentos de *trend topics* no Twitter, eventos virtuais, divulgação em massa por meio de aplicativos de comunicação, campanhas de engajamento com curtidas ou de reprovação com *deslikes*, abaixo-assinados virtuais, campanhas de combate às *fake news*, entre outras ações.

Uma mobilização bem feita depende muito do envolvimento de simpatizantes, que devem ser conquistados no decorrer do tempo e tratados com atenção especial. Para a militância seguir ativa, é importante atermos a alguns pontos:

- É fundamental dar visibilidade aos militantes, tratar as pessoas por seus nomes, receber e fazer visitas.
- É preciso construir projetos ou propostas coletivamente, com a participação direta dos apoiadores.

- É importante divulgar informações em primeira mão, lembrar-se dos militantes nos dias-chave da campanha.
- Dar visibilidade a eles em eventos e entrevistas, o candidato deve reconhecê-los, sempre que possível, com agradecimentos públicos.
- Garantir-lhes preferência nas oportunidades dentro da estrutura partidária e da campanha.

Em geral, os militantes se aliam às campanhas, basicamente, por: afinidade ideológica, pela imagem ou pelo relacionamento próximo com o candidato ou ainda por algum acontecimento notório que desperte o desejo de agir (reforçando-o ou combatendo-o).

Apoiadores que tenham destaque por suas ações devem ser valorizados e reconhecidos, ganhando notoriedade da equipe e funções mais elaboradas. Para manter a atenção e o relacionamento, é importante ofertar treinamentos, qualificando e nivelando as atuações, incentivar ações com metas e dar acesso facilitado às informações, de maneira que os militantes possam, por exemplo, criar conteúdo sobre o candidato.

A criação de conteúdo deve ser incentivada com base nas características dos próprios militantes, que podem ser desde postagens sérias (os famosos textões), com apresentações de dados, fatos e argumentos até os memes, que têm crescido como forma de comunicação bem humorada e têm um potencial de engajamento muito significativo.

Segmentar os contatos é essencial para a mobilização. Assim, é preciso organizar uma lista qualificada com nomes, telefones, e-mails, perfis nas redes sociais digitais, ramo de atuação, interesses temáticos, bairro onde residem (ou cidade, a depender do cargo em disputa). Essas informações facilitam a gestão de dados para mobilizações, por isso convém, sempre que possível, registrá-las já nos primeiros contatos, o que facilitará ações futuras.

Os sistemas informatizados que existem para a gestão dos contatos, de modo geral, têm baixa aceitação, pois, além de precisar de espaço de armazenamento nos telefones, ainda consomem muitos dados, tornando seu uso nem sempre viável. Sendo assim, é melhor usar planilhas em Excel para esse controle, que são de domínio da maioria das pessoas e podem ser facilmente editadas e compartilhadas com a equipe.

Para criação desses bancos de contatos, uma estratégia de sucesso consiste em usar a abertura de reuniões para pedir que as pessoas enviem uma mensagem para o celular da campanha, já com informações prévias. Dessa forma, o número será facilmente adicionado à agenda, tornando os apoiadores aptos a entrarem em uma lista de transmissão no WhatsApp.

Para a formação da equipe de rua, o mais recorrente é o envolvimento da própria militância já existente no partido e já habituada a organizar esse tipo de atividade. Quando não houver militância suficiente/disponível, é possível recorrer à contratação de pessoas para panfletar, segurar bandeiras e fazer a campanha de rua. De qualquer maneira, é importante que esses grupos tenham acompanhamento frequente para um funcionamento alinhado.

É bom ter sempre alguém analisando de fora como as pessoas reagem após receberem os panfletos. Compreender como as pessoas reagem à abordagem nas ruas, e qual o nível de interesse despertado pelo material recebido são informações fundamentais para orientar a estratégia de atuação nas ruas, direcionando mais assertivamente os próximos passos.

Nesse sentido, é crucial também avaliar o contexto no qual a equipe de rua é captada. É comum a evasão e a falta de compromisso, uma vez que as condições de trabalho são precarizadas, a remuneração é baixa, em geral, atrai mães e pais desempregados, preocupados por deixarem seus filhos em casa sozinhos, e ainda constantemente sujeitos à falta de respeito e a situações de assédio, até mesmo de violência.

É preciso, portanto, ter muito cuidado nesse aspecto e valorizar a necessidade dessas pessoas, explicar as razões e motivações do candidato, inclusive a luta por reverter a situação de desemprego. Em outras palavras, perceber sua realidade e ter empatia com relação a ela, expondo o contexto real do processo eleitoral, muitas vezes financeiramente também limitado, pode gerar maior engajamento à atividade, trazendo outro propósito além do financeiro, para as ações dos trabalhadores contratados.

Ressaltamos que incluir as pessoas e suas perspectivas na campanha eleitoral é qualificar e agir também para fortalecer a democracia.

É fundamental treinar a equipe com técnicas de abordagem e de comunicação sobre a candidatura, caso potenciais eleitores queiram falar sobre o tema nos momentos de divulgação.

Também devemos lembrar de colher *feedbacks* ao final de cada ação, ouvindo em detalhes as percepções daqueles que estiverem envolvidos nos atos da campanha e com contato direto com o público, pois as percepções podem trazer *insights* para novas estratégias. Saber como as ações da equipe estão sendo recebidas pelo cidadão e potencial eleitor pode auxiliar na orientação e na reorganização (quando necessário) da estratégia de campanha.

Caso seja possível, é interessante ter uma sede (central) da campanha, de fácil acesso para que voluntários possam facilmente buscar material da campanha para distribuição. Ou, então, organizar vários pontos-focais, como estandes ou barracas móveis, distribuídos por regiões diversas ou ainda carros de distribuição, que fiquem cada dia em uma localização diferente.

Para a etapa de mobilização de pessoal, portanto, são fatores essenciais:

- identificar a estratégia para captação de contatos;
- organizar os contatos em uma planilha;
- criar uma estratégia de abordagem dos potenciais eleitores;
- buscar a militância ativa do candidato;
- analisar o perfil da militância e entender quais os temas da campanha que estão mais alinhados com os grupos segmentados;
- estabelecer a estratégia de atração de voluntariado;
- acompanhar constantemente as entregas.

(6.2)

CAPTAÇÃO DE DADOS

A captação de dados é o processo de obtenção de informações contextuais para a produção de conteúdo estratégico, requerendo acesso a recursos como ferramentas de análise e *softwares* que captem esses indicadores. O principal objetivo é gerar certeza do desempenho da campanha, readequando estratégias em tempo hábil. A captação de dados como ferramenta estratégica mostra-se fundamental para análises de comportamento e de preferências mais assertivas, o que permite desenvolver campanhas mais precisas.

Dominar informações é uma necessidade imprescindível para que candidatos e equipes saibam mais sobre seu público, território e resultados. Para ter esse conhecimento, devemos começar pela coleta de dados e posterior análise.

Dados são ativos extremamente valiosos na era digital porque são essas informações que permitirão que a campanha seja adequada e mais assertiva em cada etapa.

Com a constante e crescente digitalização e virtualização da vida e dos fatos cotidianos, os dados estão por toda a parte, em diversos modelos, e são gerados por meio de uma simples interação dos usuários com uma página na *web*. É possível obter informações preciosas desde dados de navegação, como dos provenientes das interações de usuários com publicações nas diversas redes sociais digitais, de respostas a campanhas de *e-mail* marketing etc.

Há vários objetivos que podem ser estabelecidos como prioridade, por exemplo:

- entender mais sobre as necessidades e expectativas do público;
- saber sua opinião sobre o candidato e suas propostas;
- analisar as reações e interações com a campanha nas redes sociais digitais;
- detectar dados e tendências gerados pelo público;
- entender os resultados da campanha e promover mudanças, caso seja necessário.

Cada um desses e outros objetivos têm importância para o sucesso da campanha e devem ser observados detalhadamente. Em uma mesma atividade de coleta de dados, é essencial mensurar e selecionar quais são relevantes para gerar análises estratégicas.

(6.3)

MARKETING DE CONTEÚDO

Segundo Siqueira (2021), "marketing de conteúdo é uma estratégia de marketing focada na criação e distribuição de conteúdo relevante (como artigos, e-books e posts nas redes sociais), sem promover explicitamente a marca", definição que vai ao encontro de várias outras, como a de Peçanha (2020), que nomina o marketing de conteúdo como "uma técnica que cria e distribui conteúdo de valor, que seja relevante e consistente, para atrair e engajar audiência claramente definida, com o objetivo de induzir clientes a tomarem decisões que gerem lucro".

Adaptada ao modelo político, essa estratégia pode ser utilizada para manter a atenção sobre um candidato a um cargo político por meio de conteúdo relevante, que engaje seu público-alvo.

Nesse sentido, a primeira ação é pensar em uma estrutura organizacional para a produção de conteúdo. As primeiras perguntas a serem feitas e respondidas para definir as estratégias de marketing de conteúdo versam sobre a estruturação da produção dos conteúdos: quem será o responsável pela criação, em qual formato, com qual objetivo, em que estrutura será trabalhada e quais as fontes de inspiração.

Uma ferramenta que auxilia muito nessa primeira fase de planejamento para a produção de conteúdo é a metodologia conhecida como *círculo dourado*, criada por Simon Sinek (2018). Segundo essa metodologia, uma análise tem início ao perguntarmos por que razão estamos gerando o conteúdo e, somente depois, para definirmos os objetivos e valores da ação, devemos perguntar como gerar o conteúdo. Após esse preenchimento é que, efetivamente, podemos partir para as ações práticas. Essa ferramenta auxilia a equipe de campanha a descobrir com qual finalidade o conteúdo está sendo produzido.

Seguindo nosso passo a passo, a segunda etapa é a de reflexão sobre a definição de quem assumirá as responsabilidades pela produção, edição e revisão do conteúdo. A primeira questão a ser definida é sobre o calendário de edição e de criação. Criar uma planilha básica para produção de conteúdo, com a definição dos dias em que serão feitas publicações, do público-alvo a ser atingido, do tema que será abordado, também é preciso pensar na criação de um título de impacto, nas pautas abordadas, nos *links* de referência, nos objetivos do conteúdo, no formato utilizado (vídeo, imagem, gráficos, texto etc.), no responsável e nos prazos.

Acompanhar a mensuração dos resultados é de vital importância, para que acertos sejam replicados em outros momentos e erros corrigidos de modo imediato.

Com base em diagnósticos prévios feitos e na criação de perguntas fundamentadas, o processo de planejamento da produção de conteúdo torna-se mais fácil de ser criado, pois se fundamenta em bases sólidas de conteúdo a ser gerado. Algumas perguntas respondidas pelo candidato são norteadoras dessa etapa:

1. Que papel tenho exercido na vida do eleitor?
2. Como posso ajudar meus eleitores a melhorar?
3. Como devo contar minha história e apresentar minhas propostas?
4. Quem é meu concorrente e como ele está se comunicando com públicos semelhantes ao meu? Como é essa comunicação?
5. O que está em minha biografia (acadêmica, pessoal e profissional) que pode dar suporte à minha história?
6. Quais problemas quero resolver?

Um ponto relevante para qualquer linha editorial é o de não falar do candidato o tempo inteiro, pois devem ser enfatizados os problemas e as necessidades do cidadão, com foco no candidato apenas para mostrar como ele pode resolver essas demandas.

Há um modelo sugerido e funcional para fazer isso: falando 80% do conteúdo de valor e 20% do candidato ou das soluções que ele pode trazer. O modelo não é definitivo, ele pode ser alterado em função do contexto momentâneo, do período eleitoral, quando, então, começamos a falar mais do candidato, por meio de suas propostas e de seu histórico comprobatório, de como ele já resolveu demandas semelhantes às atuais em outros momentos, sobretudo na reta final.

Nesse ponto, também convém definir como será a profissionalização da etapa, se será desenvolvida por uma agência de comunicação ampla ou por profissionais próprios. Em campanhas com poucos recursos, é muito comum a contratação de profissionais *freelancers* ou a utilização de sua própria equipe oriunda de mandatos. Devemos mensurar prós e contras de cada tipo de contratação, principalmente com relação às demandas da campanha e ao estilo (quando já consolidado) de publicação que tem mais efetividade entre o público.

Caso a opção seja por um profissional *freelancer*, é recomendável acordar fatores como a qualidade, o objetivo e o tamanho dos textos, prazos, hierarquias, fluxo de produção, além dos prazos de entrega e das condições de pagamento, que deve, inegociavelmente, ocorrer mediante emissão de nota fiscal.

Agências maiores têm estrutura mais significativa, o que reduz riscos quanto à diversidade de informações necessárias para a produção de um cartão de postagem, porém oferecem o risco de um trabalho mais padronizado. Enfim, não há fórmulas mágicas nem todos os profissionais são iguais, o que precisamos fazer, nessa etapa, são boas reuniões de negociação para alcançar a melhor escolha possível.

É importante e usual que o candidato e sua equipe definam algumas mensagens padronizadas para envio das respostas, deixando para a equipe de suporte o trabalho mais operacional, como o de responder redes digitais e canais de comunicação, reservando o tempo do candidato e dos profissionais de mais alto escalão para as tarefas mais relevantes, como decisões estratégicas, definição de linhas de atuação e tarefas nas quais o candidato não pode ser substituído.

O ponto mais proeminente para uma produção de conteúdo eficaz são as "iscas digitais": criar conteúdo que possa chamar a atenção da audiência, preparado para fazer com que o eleitor forneça voluntariamente informações pessoais que permitam o crescimento da interação. Caixas de perguntas, de interação e enquetes são maneiras de levantar informações que podem ser úteis. A oferta de conteúdos gratuitos a partir da inscrição em cadastros, com informações como *e-mail*, telefone ou outros, também é uma estratégia usual para formação de bases de contato, que será fundamental no período eleitoral.

É com criação de conteúdo de qualidade que o candidato pode vir a ser considerado uma autoridade e uma referência na tratativa de determinados assuntos, o que gera grande potencial de transformar audiência em votos durante as eleições.

Essa atenção não é gerada de modo imediato, ela é fruto de etapas diversas, geralmente comparadas a um funil, referência desenvolvida pelo famoso modelo Aida (atenção, interesse, desejo e ação), usualmente recomendado por especialistas da literatura de marketing político. O modelo prevê ações que despertem o interesse do público-alvo em diferentes etapas, programadas para captar desde aqueles que não conhecem o produto (no caso, o candidato) até a conversão desses em eleitores.

A etapa da atenção (ou atração) seria o momento para que o candidato venha a se tornar conhecido da maior quantidade de pessoas possível, por meio de ações com visibilidade na mídia, criação de pautas e conteúdo que despertem atenção da população, sobretudo daqueles com potencial para compor os nichos que o candidato representa.

Na fase do interesse, o candidato precisa mostrar-se capaz de resolver as dores e atender aos anseios da população, o público precisa reconhecer no candidato a capacidade e o desejo de ajudá-los, de diversas formas. Mostrar-se capaz de resolver problemas é fundamental nessa etapa, para fidelizar os que chegaram a esse nível de busca em torno do nome do candidato.

Afunilando mais, a etapa do desejo reforça as qualidades ímpares do candidato, reforçando com exemplos de sua atuação, mostrando como ele é capaz de resolver problemas, apresentar soluções diversas e obter sucesso naquilo a que se propõe. É preciso despertar a certeza de que ele ofertará boas soluções se eleito.

A etapa da ação compõe a fase final do funil, normalmente reduzida em relação à inicial, mas quem chega a essa etapa demonstra probabilidade de tornar-se seu eleitor e deve ser captado e chamado para outros meios de comunicação, reforçando os laços estabelecidos e concretizando a relação por meio do voto.

Outra estratégia de análise é o funil de conversão, um pouco mais complexo do que o anterior. De acordo com esse modelo, existem cinco etapas para a contenção do cliente (eleitor): reconhecimento, consideração, conversão, retenção e fidelização.

Figura 6.1 – Funil de conversão e retenção do eleitor

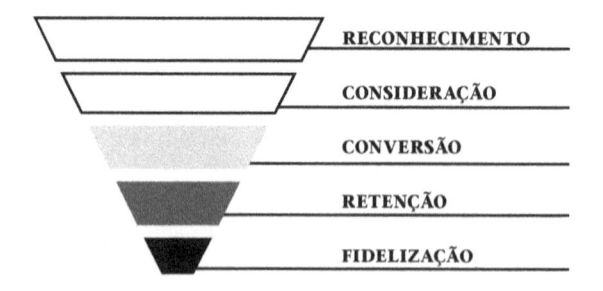

Rafael Rez (2017) desenvolveu um esquema de atração com base nesse modelo, adaptando as etapas aos públicos e potenciais eleitores. Ele adapta as fases do funil a nomenclaturas próprias: reconhecimento/estranhos, consideração/visitas, conversão/*leads*, retenção/eleitores, fidelização/promotores.

A seguir, apresentamos um resumo das definições de perfis, feitas com base nos ensinamentos de Rafael Rez (2017):

1. Reconhecimento: essa etapa envolve o grupo nomeado de *estranhos*, composto por pessoas que desconhecem o candidato até então e chegaram até ele por meio de acesso a *sites*, *blogs*, redes sociais, notícias de jornais, entre outros. Aqui, a função da equipe de campanha é atrair essas pessoas para os meios próprios de comunicação, gerando interesse.

2. Consideração: essa etapa já avalia os participantes como visitas, sendo composta por pessoas que, após o acesso inicial ao conteúdo da campanha, procuraram por mais informações. Para esse grupo, podem ser apresentados conteúdos de maior valor, com a possibilidade de oferta de *download* de materiais, realização de *lives*, inscrição em canais exclusivos de notícias etc. Para esse público, a missão da equipe é converter essas visitas em contatos ativos, os chamados *leads*.

3. Conversão ou *leads*: são pessoas que já têm (em diferentes níveis) o conteúdo ofertado pelo candidato como referência. Aqui, o objetivo da equipe é o de manter a atenção desses indivíduos, devendo atraí-los para ações de parcerias conjuntas, encontros fechados, participação em eventos e pesquisas etc. Isso contribuirá para torná-lo um eleitor convicto.

4. Retenção: pessoas que chegam a esta etapa apresentam grandes chances de se tornarem eleitores que, certamente, darão votos ao candidato, falarão dele aos seus pares e que devem ser assistidos constantemente, tanto com processos de *feedback* contínuo quanto com ações regulares de contato. O próximo passo é atraí-los para posturas atuantes de captação de mais votos.
5. Fidelização: trata-se do grupo com potencial de promotores, pessoas que, além de votar, defenderão a campanha e pedirão votos entre suas redes de contato.

É preciso oferecer conteúdo diversificado em temáticas e em formatos, inclusive sendo diferentes de acordo com os canais utilizados (produção de materiais visando à divulgação em *blogs* e diários da campanha, redes digitais, jornais etc.). Sugerimos o uso de diversos modos de informação, como o uso de infográficos, uso de imagens reais e lúdicas, gravação de *podcasts, lives* abertas, envio periódico de *newsletters*, gravação de vídeos com formatos diversos, até mesmo uso de memes, para que essas ações diversas possam manter a atenção do público.

Como já destacamos em outras passagens, a comunicação é uma das chaves mais importantes de qualquer campanha e não pode deixar brechas.

Alguns candidatos começam ou até mesmo produzem todo seu conteúdo durante as eleições, mas o ideal é que essa prática já aconteça na pré-campanha. É importante estar antenado aos temas em debate. Para isso, ativar o Google Alertas para monitorar temas importantes pode ser uma ferramenta extremamente produtiva. A participação em eventos temáticos ajuda a gerar engajamento e autoridade em determinados temas, bem como compartilhar conteúdos com pessoas de referência, mídias e *blogs*. A principal potencialidade de uso das redes sociais digitais, no entanto, é a de ser uma via para manter diálogo constante com o eleitor, sendo um meio de acesso mútuo.

A fim de despertar um sentimento de pertencimento exclusivo a determinados grupos, uma estratégia relevante é a de liberar conteúdos exclusivos apenas para assinantes do conteúdo do candidato (canal de Youtube, *newsletter* etc.).

Sobre o perfil dos assinantes, é fundamental que eles preencham algum formulário de cadastro, com informações que permitam um mínimo de segmentação de seus interesses.

Uma forma de definir quais os conteúdos que serão trabalhados é conversar com pessoas que tenham um perfil próximo ao do seu público-alvo, entendendo quais são suas preocupações acerca dos temas que o candidato pretende abordar. Outro caminho é usar ferramentas de pesquisa de palavras-chave (Google Keyword Planner) para pesquisar palavras-chave, e outras para fazer pesquisas simples (como Survey Monkey ou Google Forms).

O uso de estratégias para acelerar o conhecimento do candidato por parte do eleitor também é uma ação proeminente, que pode ser impulsionada pela otimização para buscadores (como SEO – Search Engine Optimization), uso de *links* patrocinados (como Google Adwords), impulsionamento de postagens (Facebook Ads, Linkedin Ads, Instagram), uso de *e-mail* marketing e outros. Muito dificilmente somente o crescimento orgânico será suficiente em uma campanha.

O terceiro passo, que finaliza o ciclo de produção, envolve gestão dos conteúdos, análise das métricas e constante avaliação dos resultados. É muito importante acompanhar os indicadores corretos para o perfil do candidato. Alguns exemplos de indicadores que podem ser acionados para a aferição do sucesso das estratégias de conteúdo são:

- análise de comentários e compartilhamentos de conteúdo das mídias digitais;
- índice de engajamento (contagem do número de visitantes que interagiram com o conteúdo, que deve ser dividido pela quantidade de seguidores);
- crescimento simples e proporcional a períodos determinados do número de seguidores em mídias digitais;
- crescimento do número de assinantes de canais ou páginas específicas;
- temas e formatos de comunicação que mais engajaram o público;
- número de visitas no *site* e tempo médio de navegação;
- posicionamento na busca pelo Google;
- custos gerais, em caso de impulsionamento (por visita, por clique, por comentário, por compartilhamento).

Esses indicadores possibilitam entender melhor o comportamento do público-alvo e tomar decisões racionais. Com base neles, podem ser reorganizados os temas, os formatos de divulgação, o tom utilizado ou mesmo as personas buscadas.

Para a etapa de comunicação, portanto, são fatores essenciais:

- criar métodos e organizar a coleta de dados;
- identificar quais temas tem importância;
- certificar-se de que a equipe já adotou uma estratégia de marketing de conteúdo;
- listar os principais conteúdos relacionados com os temas das campanhas;
- fazer um planejamento de postagens.

Engajamento e treinamento de voluntários

Dispor de trabalho voluntário é excelente e impõe credibilidade às candidaturas. Sem coordenação e motivação, no entanto, esse capital humano pode ser desperdiçado. Embora seja provável que pessoas com boa vontade se ofereçam como voluntárias, muitas não têm conhecimentos básicos e preparo para atuar em campanhas.

Como também é comum que a motivação das equipes oscile durante os períodos de pré-campanha e de campanha, é importante estabelecer vínculos afetivos, de transparência, cuidado e acompanhamento constante dos grupos para contornar os momentos de desânimo ou despreparo com mais facilidade. A constante observação permitirá identificar problemas já no início. A troca frequente entre os candidatos e todos os que colaboram nas campanhas é essencial para que a vontade de participar não diminua durante o processo.

Interagir diretamente com os candidatos, sempre que possível, fortalece o movimento voluntário. Vale até destacar um membro da equipe para receber e manter contato com as pessoas que chegam, entendendo como se conectam com a candidatura, sanar dúvidas e aproximar expectativas entre as partes. Essa função pode ser exercida por coordenadores de mobilização das campanhas, que também podem ser responsáveis por gerenciar os calendários de atuação, com datas e ações previstas nas agendas.

Além de organizar, é preciso treinar colaboradores, já que o intuito é converter todas as formas de apoio em mais votos. Para isso, é necessário que voluntários:

- estejam familiarizados com as ideias e mensagens-chave das campanhas;
- rebatam críticas, desconstruam argumentos equivocados e questionem notícias falsas;
- conheçam os cenários políticos em que as respectivas campanhas estão inseridas;
- saibam um pouco como atuam os concorrentes dos candidatos que apoiam e quais são seus pontos fracos.

O voluntariado é o meio pelo qual cidadãos comuns se tornam ativos nas causas em que acreditam. A política participativa é essencialmente construída no protagonismo de pessoas comuns, muito além do voto. O apoio de voluntários nas campanhas não significa apenas capital humano à disposição para ações, mas representa também um diferencial em qualquer candidatura porque denota a existência de pessoas que confiam e se identificam com os candidatos, a ponto de doarem tempo e recursos para alcançarem um objetivo comum.

Alguns **princípios** devem ser aplicados e mantidos como norteadores de todo trabalho, inclusive do trabalho voluntário. São eles:

- Crença: acreditar nos resultados positivos, mantendo o clima sempre elevado e com espírito vitorioso. Ter apoios traz muitos benefícios, mas exige esforços de mobilização de pessoal, de capacitação, acompanhamento e gerenciamento de atividades. Todos precisam estar mobilizados, engajados e comprometidos com a vitória.
- Compromisso: é preciso criar programas estruturados, para que as demandas sejam atendidas com a maior agilidade possível.
- Capacitação: devem ser oferecidos treinamento contínuo e garantias dos meios necessários para que esses colaboradores possam desempenhar suas atividades com eficiência.

- Coordenação: destacar pessoas preparadas para o acompanhamento constante dos voluntários.
- Celebração: promover encontros para reconhecer a importância do trabalho dos voluntários e celebrar conquistas.

(6.5)

FORMAÇÃO DOS GRUPOS

Para formar os grupos de voluntários, as coordenações de campanha precisam dimensionar os contingentes às respectivas necessidades, respondendo questões como: Quantos voluntários serão precisos? Quais posições serão ocupadas por eles? Quais atividades eles irão desempenhar?

Os grupos devem ser separados entre os que atuarão pontualmente e os que poderão se dedicar parcialmente, relacionando-os por meio de critérios como: tipo de atividade desenvolvida, local de atuação, carga horária disponível e categorias de engajamento, que se subdividem em quatro grupos:

1. Eleitorado potencial: grupo de participantes que poderá se envolver esporadicamente.
2. Apoiadores: pessoas que estarão nas redes (atuando *on-line*) e contribuirão com a disseminação de correntes temáticas, divulgação de materiais e participação em campanhas de tuitaços, por exemplo.
3. Voluntários: pessoas que estarão, constantemente, à disposição para colaborar em diversos ambientes. Devem ser contabilizadas e engajadas de modo bastante ativo.
4. Mobilizadores: são os voluntários com mais capacidade de engajamento em diversas áreas, com transitoriedade por diversos grupos

e com potencial para fazer a campanha se ampliar por meio da conquista de novas parcerias.

O ideal é que todos os participantes dos grupos respondam a um questionário, disponibilizando informações sobre suas habilidades, competências e disposição, que ajudarão a campanha a ativá-los no momento certo e para as funções em que tenham melhor desempenho.

Para selecionar voluntários, o uso de mídias digitais mostra-se uma maneira bastante efetiva para a convocação de pessoas dispostas a se voluntariar em campanhas.

Responder rapidamente às pessoas que se voluntariam e se prontificam a realizar determinada tarefa é vital para o engajamento, evitando que o potencial voluntário perca o interesse ou considere que a campanha não necessite de mais ajudantes.

Para a organização dos grupos, as seguintes ações são bastante produtivas:

- Concentrar todas as inscrições em um mesmo lugar, sem dispersar informações e manter sempre atualizado o tamanho do contingente.
- Listar quais as atribuições dos voluntários cadastrados.
- Dispor de canais de comunicação exclusivos para trocar mensagens com os voluntários e que devem ser checados diariamente. Em caso de uso de *e-mails*, estes devem ser respondidos de modo pessoal, em, no máximo, 24 horas.
- Elaborar *e-mails* e textos em formato padrão para enviar mensagens de estímulo aos voluntários.
- Formar grupos no WhatsApp ou no Telegram com os voluntários inscritos, para ofertar materiais exclusivos e de valorizá-los.

- Telefonar, em alguns momentos estratégicos, para os voluntários. Esse tipo de ação gera entusiasmo, sentimento de valorização e mais comprometimento.

(6.6)

TREINAMENTO PARA VOLUNTÁRIOS

É importante que os candidatos estejam presentes nos eventos para voluntários, uma vez que, se as equipes de voluntários estão nos projetos por eles, a presença deles em determinadas ocasiões é mais do que fundamental.

É recomendável elaborar roteiros para a realização dos eventos de treinamento e de relacionamento com os voluntários. Devem constar no *script* todas as possíveis atividades para que nada seja esquecido. Os voluntários e seguidores também devem ser estimulados a gravar depoimentos em apoio aos candidatos e, no caso de haver artistas, personalidades e *influencers* entre os apoiadores, promover *lives* também gera ótimos resultados.

Todos os colaboradores devem ser incentivados a atrair amigos, familiares e seguidores para o WhatsApp das campanhas, uma forma de aumentar a rede de apoio aos candidatos.

Os candidatos e as equipes de comunicação precisam discursar e agir de modo a engajar também apoiadores que estão nas redes sociais digitais e que precisam ser motivados a compartilhar, curtir e comentar os conteúdos. Durante os períodos oficiais das campanhas, todos devem adotar os materiais de propaganda eleitoral, como fotos, ilustrações e vídeos, em que constam os números dos candidatos.

Vale criar conteúdo exclusivo para os que estiverem fazendo parte dos grupos de WhatsApp, como vídeos e áudios do candidato agradecendo o apoio de todo mundo, em especial, aos voluntários que criaram os grupos.

Por último, os *e-mails* criados para contato com os voluntários durante as campanhas também podem ser usados frequentemente para enviar mensagens nos períodos pré e pós, para manter o voluntariado em contato constante.

(6.7)

Prestação de contas

Conforme a legislação eleitoral, o trabalho voluntário realizado nas campanhas é considerado como donativos para a campanha e deve ser informado na prestação de contas, ponderando o valor estimado do serviço, caso fosse pago. Portanto, todos os que trabalharem nas campanhas, ainda que sem remuneração, devem, obrigatoriamente, assinar um Termo de Doação de Serviços Voluntários e um recibo eleitoral. Esses documentos, após assinados, devem ser digitalizados e enviados ao Sistema de Prestação de Contas Eleitorais (SPCE). Cabe ressaltar que somente participantes frequentes precisam cumprir essa regra; participantes esporádicos ou de atuação única ficam dispensados da ação burocrática protocolar.

A rigor, a Justiça Eleitoral pode solicitar que os candidatos apresentem orçamentos para comprovar o valor estimado do serviço prestado, mas essa não é uma ação frequente.

Esta é a sequência para a prestação de contas: (1) fazer cópia do CPF e do RG da pessoa voluntária; (2) providenciar o Termo de Doação e emitir o Recibo Eleitoral; (3) solicitar a assinatura da pessoa voluntária; (4) digitalizar os documentos; (5) atualizar o lançamento no SPCE.

(6.8)

Pós-campanha

Valorizar o voluntariado não deve ser uma prática somente nos períodos de campanhas. Eleitos ou não, é importante que os candidatos conservem esse capital humano como um ativo valioso, principalmente os que desejam seguir carreira na política. Por isso, as equipes de comunicação devem incentivar voluntários a gravarem depoimentos sobre as experiências na campanha e com suas impressões sobre os candidatos.

Para isso, basta elaborar um formulário para ser enviado a todos que estiveram ao lado dos candidatos. Esses conteúdos serão úteis em uma próxima campanha e também como material de apoio durante os mandatos. Política é a arte de saber se relacionar.

Para saber mais

BASELAB. **Materiais gratuitos**. 2023. Disponível em: <https://baselab.cc/materiais-gratuitos-completa/>. Acesso em: 7 ago. 2023.
Trata-se de uma página com inúmeras dicas e manuais para a pré-campanha e para a campanha. Na página, é possível encontrar manuais gratuitos para organizar o voluntariado de uma campanha, bem como dicas para a mobilização digital e captação de recursos.

Síntese

Neste capítulo, demonstramos como a mobilização e o apoio de simpatizantes e militantes é fundamental para uma campanha, visto que contribuem para a criação de aderência do público em geral. Cada evento, presencial ou *on-line*, deve ser projetado para dar visibilidade ao candidato e ao número de seus apoiadores, portanto a comunicação e o planejamento também são fatores essenciais na campanha.

A segmentação de temas, nichos e interesses é uma ferramenta bastante efetiva para ampliar as relações com simpatizantes, construindo uma relação de confiança com o candidato, tornando-o referência em assuntos específicos e ofertando certezas de que ele irá abordá-los caso vença as eleições.

A captação de dados possibilita que informações e preferências possam ser conhecidas, o que permite que o candidato paute sua campanha nelas. Além disso, conhecendo essas preferências, podemos produzir conteúdo e propostas que o direcionem ao papel de "pessoa que tem a capacidade de lidar com determinados temas e problemas".

Também apresentamos estratégias pautadas no modelo funil de conversão, que indicam caminhos e ações: o (re)conhecimento de quem é o político, a fidelização do eleitor, as etapas de consideração, conversão e retenção; e também o modelo mais tradicional, o Aida, cujas estratégias englobam ação, interação, desejo e ação.

Por fim, explicamos como é possível recrutar voluntários e apoiadores seguindo estes passos, já apresentados aqui: listar a rede próxima do candidato, como amigos, colegas de trabalho, vizinhos, familiares, pessoas mais próximas e mais distantes; relacionar, em uma planilha de Excel ou do Google Agenda, todos os dados disponíveis desses contatos; enviar mensagens para essas pessoas informando da candidatura e pedindo ajuda nas campanhas; convocar pessoas para se voluntariarem em todas as mídias digitais; dividir os voluntários em grupos por tipos de atividades e de habilidades; manter contato frequente com os voluntários para gerar comprometimento.

Questões para revisão

1. Assinale a alternativa que indica corretamente como promover uma mobilização eficiente:

   a) A melhor maneira de ter um bom público nas mobilizações é pagar diárias para o pessoal do bandeiraço, oferecer também transporte para os apoiadores e distribuir lanches, para que a população se aglutine.

   b) O princípio de uma mobilização bem-sucedida é mostrar que o candidato tem popularidade reunindo o maior público possível, por meio da boa comunicação com a população e da geração de conteúdos de engajamento.

   c) Para reunir um bom público nas mobilizações, a melhor maneira é contratar um show dos cantores do momento, de preferência que também sejam apoiadores dos candidatos.

   d) Uma mobilização é considerada de sucesso quando faz panfletagem em vários pontos da cidade, independentemente de ter recepção, pois o que define a mobilização é sua capacidade de estar bem distribuída por toda a região.

   e) A mobilização precisa ser sempre generalizante, falando com todos os públicos, com temas globais, para alcançar sempre todas as classes e nichos, garantindo, assim, a amplitude de efeitos na população.

2. Assinale a alternativa que indica corretamente como deve ser o relacionamento da campanha com apoiadores e militância:

   a) Os apoiadores e simpatizantes dos candidatos e a militância dos partidos devem ser tratados como qualquer pessoa, sem nenhum privilégio. É preciso evitar conflitos entre apoiadores e militantes para que alguns não se sintam mais engajados do que outros.

b) Apoiadores e militantes devem receber tratamento diferenciado dos demais eleitores. Devem ser enaltecidos em público, receber ajuda financeira por sua participação e atuar com acordos de que terão prioridade nas nomeações para os gabinetes dos candidatos eleitos.

c) Todos os apoiadores e militantes devem receber a mesma atenção, os mesmos privilégios e funções similares, para que haja a maior igualdade possível, mesmo que alguns apresentem mais interesse e disponibilidade do que outros.

d) Somente apoiadores especiais, como parentes e amigos próximos dos candidatos, merecem tratamento especial. São os que estarão sempre ao lado deles, em quaisquer circunstâncias, sendo os candidatos eleitos ou não.

e) Apoiadores e simpatizantes dos candidatos devem ser tratados com atenção especial, dando visibilidade à sua atuação, tratados pelo nome, recebidos pelo candidato em alguns momentos, e devem assumir funções na campanha, reforçando seu engajamento.

3. Assinale a alternativa **incorreta** a respeito do modelo Aida e de sua função:

a) O acrônimo Aida (atenção, interesse, desejo e ação) nas campanhas políticas representa um conjunto de estratégias para gerar interesse nos conteúdos, conquistar e converter votos para os candidatos. Quem chega ao fim do funil, com certeza, votará no candidato.

b) A etapa de *atenção* visa tornar o candidato o mais visível possível, para que o maior número de pessoas possa conhecê-lo, mesmo que ainda superficialmente. Ações nas redes digitais e na mídia são muito importantes nessa etapa.

c) A etapa de *interesse* requer medidas mais refletidas, com a criação de autoridade do candidato, que deve se mostrar capaz de resolver as dores e os anseios da população e o desejo de ajudá-los.

d) A etapa de *desejo* consiste em reforçar, ainda mais, a ideia de que o candidato é o ideal para a solução dos problemas da população, com exemplos de sua competência e suas habilidades no trabalho a que se propõe a realizar.

e) A última etapa, de *ação*, é mais reduzida do que a inicial, mas quem chega até ela oferta uma probabilidade bastante significativa de se tornar eleitor do candidato, de votar nele, sendo necessário, portanto, engajar ainda mais essa pessoa, reforçando os laços com o candidato.

4. Defina e exemplifique marketing de conteúdo.

5. Explique o conceito de mobilização, usando exemplos de ações de campanha política.

Questão para reflexão

1. De que maneira podemos garantir que as estratégias de persuasão política sejam utilizadas de maneira ética e responsável, levando em consideração a necessidade de transparência e o respeito aos princípios democráticos, a fim de promover um ambiente político saudável e inclusivo? Responda à questão por meio de um texto escrito e compartilhe sua reflexão com seu grupo de estudo.

CAPÍTULO 7

Gestão de equipe

PAULO LOIOLA TEIXEIRA

CONTEÚDOS DO CAPÍTULO:

- Organização e montagem da equipe de trabalho.
- Escolha das ferramentas de trabalho disponíveis.

APÓS O ESTUDO DESTE CAPÍTULO, VOCÊ SERÁ CAPAZ DE:

1. aplicar as estratégias necessárias para montar uma equipe de trabalho de sucesso, que ofereça o melhor desempenho possível, em um ambiente colaborativo;
2. conhecer as melhores ferramentas de trabalho, seus custos e suas potencialidades, escolhendo as que melhor atendem às necessidades de sua campanha e cabem no orçamento disponível.

Vencer eleições não depende apenas de propostas e de bons candidatos. Para construir reputações, transmitir propostas e conquistar eleitores, os políticos dependem muito das equipes de campanha. É esse grupo de pessoas que faz um político se destacar dos demais. Contratar profissionais experientes e adequados às múltiplas funções e fazer a gestão das equipes nas campanhas eleitorais não é simples. Vale lembrar que equipes bem gerenciadas e eficientes também resultam em melhor desempenho nas funções políticas em exercício nos poderes Legislativo e Executivo.

É importante ressaltar que uma boa gestão implica também promover um ambiente amistoso, colaborativo e positivo de trabalho para motivar os colaboradores. A coordenação das equipes que trabalham com política exige indivíduos com perfis de comando, mas saber ouvir e delegar tarefas são atribuições essenciais aos líderes.

(7.1)

SELEÇÃO DA EQUIPE

Montar a equipe significa organizar e planejar o que cada pessoa pode fazer. Sem uma equipe, ainda que pequena, é muito difícil fazer uma campanha eleitoral bem-sucedida. Os candidatos têm de estar nas ruas, conhecendo pessoas, conversando, conquistando os eleitores. Para isso acontecer, é necessário ter um grupo de confiança e comprometido em realizar as muitas tarefas de uma campanha. O ideal é começar a pensar na equipe com, pelo menos, oito meses de antecedência ou, no máximo, até quatro meses antes da eleição. Cabe alertar que, quanto mais curto o prazo, mais difícil será encontrar pessoas com experiência.

É essencial para o sucesso das campanhas eleitorais que as equipes sejam compostas também por pessoas da confiança dos candidatos. Um diagnóstico da equipe para identificar habilidades é muito importante, assim como a valorização de tudo o que torna cada membro do grupo uma peça fundamental.

Partindo desses pressupostos, é preciso empregar as técnicas e ferramentas corretas. Entre as principais ferramentas que ajudam na tarefa de gestão está a análise Swot, que também é usada para elaborar os perfis dos candidatos e já foi detalhada no Capítulo 4.

O coordenador de uma campanha eleitoral precisa ter o tempo para se dedicar a acompanhar cada processo de todo o trajeto até às urnas. Não existe receita para montar equipes de campanha. Entre as atividades profissionais indispensáveis estão:

- Coordenação: os coordenadores de campanhas eleitorais têm a função mais estratégica depois dos candidatos. É a primeira função que deve ser escolhida nas equipes. Candidatos e coordenadores devem formar uma dupla inseparável. Antes de pensar nas capacidades profissionais dos coordenadores, é preciso considerar suas habilidades pessoais. Devem ser pessoas de confiança e alinhadas com os candidatos, uma vez que poderão, em algum momento, ter de tomar decisões no lugar deles. É fundamental que seja alguém que saiba se relacionar com pessoas, uma vez que comandam das equipes às alianças, da organização da militância à convocação das reuniões com os eleitores. Confiança é o fator principal.
- Comunicação: profissionais que cuidarão da comunicação *on-line* e *off-line*, das narrativas, *design*, fotos e vídeos da campanha.
- Mobilização: comandam ações territoriais, reuniões, panfletagens e voluntariado.

- Articulação e agenda: fazem a interlocução com os movimentos sociais e com os partidos, organizam eventos, ações e demais compromissos das agendas dos candidatos.
- Jurídico e contábil: respondem pelas questões legais e pela organização financeira das campanhas, incluindo a prestação de contas. Alguns partidos têm pessoas para dar suporte nessa área, mas é importante os candidatos se certificarem, na hora da filiação, para não terem problemas depois.

Os candidatos precisam de pessoas que compartilhem dos mesmos propósitos. Campanhas são cansativas e uma parcela relevante das equipes é composta por voluntários que precisa ser motivada por ideais. Como destacamos no capítulo anterior, é importante que essas pessoas acreditem que estão contribuindo para um propósito maior e que se sintam parte importante da campanha.

(7.2)

FERRAMENTAS DE GESTÃO

Os períodos de campanhas eleitorais são de muitas e de múltiplas tarefas que envolvem responsabilidades, compromissos, controle de gastos, entre outras atividades, que geram um volume significativo de dados e informações. Estas, por sua vez, resultam em vários documentos, arquivos digitais e físicos que precisam ser devidamente organizados, de modo a não ocasionarem problemas em vez oferecer soluções. Atualmente, há diversos sistemas de gestão que minimizam falhas e otimizam o trabalho das equipes.

São *softwares* legais, totalmente compatíveis com as leis eleitorais e fundamentais para organizar ações, centralizar dados e informações e facilitar o trabalho das equipes de campanha de maneira segura. A seguir, descrevemos possíveis funções dos aplicativos de gerenciamento.

7.2.1 Agenda *on-line* e integrada

Organizar uma agenda *on-line* e integrada permitirá que os compromissos eleitorais sejam mais bem estabelecidos, não coincidam em horários, nem sejam impossibilitados de serem cumpridos por outros fatores, como não conseguir se deslocar em tempo hábil.

O sistema é capaz de gerenciar a disponibilidade de todos os membros da equipe que estejam cadastrados, enviando, inclusive, lembretes e alertas das tarefas agendadas para todos, por *e-mail*, mensagem ou na tela do computador.

O acesso pode ser concedido somente a usuários selecionados do grupo, a fim de garantir a segurança e a confidencialidade das informações. Esses usuários poderão acessar a ferramenta por meio de quaisquer dispositivos e a qualquer hora, permitindo que a agenda seja constantemente atualizada e em tempo real.

7.2.2 Painel de eleitorado

Essa funcionalidade permite cadastrar todos os contatos e todas as informações importantes sobre os eleitores e os potenciais eleitores, segmentando-os com base nessas características e contatando-os de modo "individualizado", além de traçar as melhores estratégias de campanha com base nesses dados. A interação ocorre com o público por meio de SMS, grupos de mensagens ou *e-mail*.

Essa ferramenta permite a seleção das informações que serão cadastradas de acordo com o nível de relevância dado a cada item. Também podemos trabalhar com base na classificação por *tags* – etiquetas de segmentação – produzidas conforme as características pessoais dos cadastrados, tais como: sexo, faixa etária, profissão, religião, ideologia etc., fazendo com que a comunicação com o público seja bem mais direcionada, pessoal e assertiva.

7.2.3 Geoprocessamento

Essa ferramenta é um mapa interativo que oferece uma visão georreferenciada dos contatos cadastrados na base de dados do painel de eleitorado. Com o geoprocessamento, é possível saber onde o eleitorado potencial está localizado, podendo traçar estratégias específicas para alcançar o público de cada região. Com essa ferramenta, também fica mais fácil saber quais regiões necessitam de mais atenção.

Esse tipo de informação ajuda a segmentar e a direcionar ações para determinado bairro ou para uma região, de acordo com as necessidades e características destes, por exemplo.

7.2.4 Segmentação

Segmentar é fundamental na comunicação, pois permite o detalhamento de informações e, com isso, a efetivação de ações mais específicas. Quando um contato é cadastrado no painel, devemos adicionar o maior número de informações disponíveis sobre ele que permitirão conhecer mais detalhadamente seu público e também auxiliar na comunicação e na criação de estratégias para alcançar objetivos da campanha.

Os candidatos e sua equipe podem, aqui, ainda criar *tags*, que são formas de categorizar os dados específicos sobre os contatos individualmente e, dessa maneira, diferenciá-los mais facilmente.

O ato de segmentar é essencial às várias funções de gerenciamento de campanhas eleitorais (modernizadas com o uso de *softwares*), principalmente, para enviar *e-mails*, SMS, WhatsApp etc. Assim, é possível focar no público específico, em suas necessidades e anseios e atingi-lo com uma comunicação específica a esses temas.

7.2.5 Controle e otimização financeira

Existem aplicativos para gestão política que permitem registrar receitas e despesas, cadastrar fornecedores, patrocinadores e listar funcionários e ainda organizar a administração completa das finanças durante a campanha. Esse tipo de sistema permite lançar todas as despesas com a data em que cada conta precisa ser paga e dando baixa após o pagamento efetivado. Dessa forma, é possível ter controle sobre as obrigações financeiras evitando problemas pós-pleito, uma vez que a apresentação de contas é obrigatória a todas as campanhas.

Registrar os gastos da campanha por meio de um *software* de gestão política, além de ajudar a organizar e a acompanhar as despesas, permite a organização da documentação necessária para posterior prestação de contas, no Sistema de Prestação de Contas Eleitorais (SPCE).

Se os candidatos não prestarem contas à Justiça Eleitoral ou tiverem as contas desaprovadas, estão sujeitos a sanções legais que podem chegar à inelegibilidade e à perda de mandato. Nos últimos pleitos, o debate em torno dessas sanções tem se intensificado no sentido de afrouxá-las em relação à desaprovação parcial da prestação de contas[1].

---

1 *Para mais informações, sugerimos acesso ao site do TSE ou ao artigo: RESENDE, M. L. R. G. A.* **A desaprovação das contas de campanha e a quitação eleitoral:** *a evolução do entendimento do Tribunal Superior Eleitoral. TSE – Tribunal Superior Eleitoral. Disponível em: <https://www.tse.jus.br/o-tse/escola-judiciaria-eleitoral/publicacoes/revistas-da-eje/artigos/revista-eletronica-eje-n.-6-ano-3/a-desaprovacao-das-contas-de-campanha-e-a-quitacao-eleitoral-a-evolucao-do-entendimento-do-tribunal-superior-eleitoral>. Acesso em: 7 ago. 2023.*

Outro aspecto positivo é que a utilização de *softwares* permite acompanhar as contas por meio de gráficos e relatórios enviados automaticamente pelo sistema, que também podem ser acessados em diferentes dispositivos, o que permite a análise dos indicadores de gastos e locais em que foram feitos, com informações em tempo real sobre as finanças.

Para controle mais efetivo, é de suma importância cadastrar metas no sistema para, posteriormente, analisá-las, evitando o descontrole financeiro ou a vazão de recursos sem a eventual contrapartida de resultados. Com a utilização dos gráficos e relatórios gerados, é possível saber se os objetivos estão sendo alcançados e o que pode ser melhorado.

Por fim, convém informar que o aplicativo de gestão disponibiliza vários serviços em uma só plataforma, de maneira prática e a um custo muito menor do que a contratação de vários profissionais para essas funções.

7.2.6 DISPAROS DE *E-MAIL* E SMS

O uso de plataformas também permite o envio de mensagens por *e-mail* marketing e SMS, todas segmentadas e personalizadas, atingindo os públicos de modo simplificado e assertivo. Além disso, essas ações e interações direcionadas são registradas pelo sistema, permitindo monitorá-las e avaliar as taxas de receptividade e de resposta aos estímulos. Dominar esses tipos de informações possibilita a criação de estratégias de ação posteriormente.

É preciso ter atenção e seguir algumas premissas para que os *e-mails* não sejam redirecionados para caixas de *spam*, e a principal delas é não comprar lista de contatos. É imprescindível que a base de eleitores seja constituída de maneira orgânica.

O sistema de gestão política para envio de *e-mails* e SMS com material de campanha é bem mais barato do que a confecção de materiais impressos, com a vantagem de não comprometer a qualidade e a efetividade das mensagens e de não gerar lixo.

(7.3)

SOFTWARES MAIS USADOS EM GESTÃO DE CAMPANHAS

Uma campanha eleitoral é sempre um desafio de organização e de gerenciamento de pessoas. Seguindo uma organização básica, é possível uma boa gestão de equipe para políticos, facilitando o trabalho de todos e economizando energia para demais ações. E, conforme já abordamos, o uso de ferramentas de gestão é demasiadamente importante para o alcance do sucesso das medidas que orientam a boa gestão.

Nos períodos de eleição, o tempo sempre joga contra os candidatos e precisa ser bem administrado para organizarmos a rotina e todas as obrigações dos candidatos, que devem focar nas ações das campanhas, principalmente, no relacionamento com os eleitores. Para superar esses obstáculos, o planejamento é, portanto, fundamental.

O uso da tecnologia ajuda a melhorar a eficiência, a assertividade e o rendimento da equipe. Sendo assim, um gerenciamento eficiente, com organização de documentos e das tarefas que precisam ser cumpridas é essencial para tocar uma campanha de modo eficiente.

A seguir, indicaremos algumas ferramentas para melhorar a gestão das campanhas políticas. O endereço eletrônico de cada uma dessas ferramentas está na lista final de referências.

7.3.1 Customer Relationship Management

Customer Relationship Management (CRM) significa, em tradução da plataforma Elegis, "gestão de relacionamento com o cliente" (Elegis, 2023). Segundo análises da plataforma e apresentações do próprio *software*, ele atua para fornecer funcionalidades de criação de estratégias focadas nos clientes, nesse caso, os eleitores ou a base de apoio, fundamentadas em informações coletadas pelas equipes de campanha.

O *software* permite concentrar todas as demandas, solicitações, compromissos em um só local e, assim, desenvolver um relacionamento mais aprofundado com os eleitores. Unificando e otimizando todas essas funções em uma só plataforma, todas as demandas e informações necessárias estarão concentradas em sua tela (geralmente de smartphone), sendo gerenciado remotamente.

Por meio do programa, é possível cadastrar *e-mail* e telefone de eleitores e de outros grupos, como os assessores e profissionais de campanha em geral, criando listas segmentadas de acordo com as necessidades de cada grupo, agendando tarefas, entre outras atividades de gerenciamento e organização diária.

Essas funções são de extrema importância nos períodos eleitorais, pois, além de organizar o cotidiano de trabalho da campanha, permite um fluxo de contato especializado com os eleitores, o que gera empatia, confiança e credibilidade para os candidatos, sentimentos indispensáveis para manter a base de apoio e conquistar novos simpatizantes e potenciais eleitores.

Outra funcionalidade que merece ser citada/utilizada dentro do *software* é sobre divulgação da campanha. Comunicar as ações dos candidatos é fundamental para que os eleitores saibam o que eles estão se propondo a fazer pela população. Marketing eleitoral e político são essenciais para os que desejam se dedicar à carreira pública, e esse programa permite otimizar essas ações.

Ainda segundo as análises da plataforma Elegis, a grande vantagem do CRM referente à comunicação está no envio aprimorado de *e-mails* e de SMS. O *software* permite que os analistas acompanhem e filtrem as informações a fim de enviar mensagens segmentadas e personalizadas, mais pessoais em relação aos diversos perfis de público, aprimorando o alcance de interesse das mensagens.

Os modelos de *templates* são diversificados, permitindo o alcance da excelência na produção de mensagens personalizadas. O uso da ferramenta de *feedback* possibilita ainda aprimorar as estratégias da equipe, uma vez que são disponibilizadas informações sobre quem recebeu, quem abriu e/ou clicou nas mensagens enviadas.

7.3.2 MindMeister

O MindMeister é uma plataforma para criação de mapas mentais, que são formas de organizar ideias difusas ao proporcionar uma visão ampla e organizada dos pensamentos, além de definir as ações necessárias para o sucesso nas urnas.

A ferramenta oferece uma versão grátis para até três mapas, o que costuma ser suficiente para o planejamento inicial das campanhas eleitorais.

Além disso, viabiliza a criação de *brainstormings*, forma de trabalho que tem crescido e ganhado relevância dentro das metodologias ágeis.

7.3.3 MeisterTask

O MeisterTask é um gerenciador de tarefas que permite criar diversos projetos, organizando o trabalho em equipe, segmentando setores e atividades. Na campanha, pode ser usado, por exemplo, para organização de logística, de estrutura e mobilização de pessoal, organização de comícios, etapas de contratação de serviços gráficos e tarefas gerais.

Por meio de um aplicativo para celular, é possível gerenciar as atividades realizadas, deixar *feedbacks* ou alterar os responsáveis por demandas. Os coordenadores ou gerentes/responsáveis por áreas podem acompanhar a execução das tarefas e orientar ações e decisões por meio do aplicativo, quando necessário.

Existem planos gratuitos, com a possibilidade de execução de até três projetos por mês, e planos intermediários e comerciais (ilimitados e com pagamento mensal).

7.3.4 GOOGLE AGENDA

Pelo Google Agenda, é possível organizar as agendas das campanhas eleitorais incluindo todos os membros das equipes, gerenciando conflitos de horários e garantindo que todos os compromissos sejam cumpridos. É considerada a solução de gestão de agenda mais completa do mercado, de fácil acesso e, pela disseminação de *smartphones*, arriscamos dizer que é uma ferramenta universal.

A ferramenta conta com planos gratuitos, bastante satisfatórios, e pagos, com mais funcionalidades.

7.3.5 GOOGLE DRIVE

Mais um aplicativo da suíte Google[2], o Drive permite o gerenciamento fácil de arquivos e o compartilhamento entre todos os envolvidos na

---

2   *Conjunto de produtos do Google que oferece soluções corporativas para facilitar o dia a dia das empresas (e-mail personalizado, armazenamento ilimitado no Drive, recursos editáveis que incluem agendas compartilhadas, controles administrativos avançados, entre outros).*

campanha por meio de *links* para *download* enviados por *e-mail* ou por mensagens, bem como o acesso a todas as alterações nos arquivos armazenados. Também é possível recuperar itens deletados.

Algumas alternativas ao serviço do Google incluem o Dropbox e o OneDrive, da Microsoft. No entanto, o Google Drive oferece melhores opções de integração.

7.3.6 ZOOM

O Zoom é uma das plataformas mais populares para fazer reuniões *on-line*. Segundo seu *site*, trata-se de uma plataforma de fácil usabilidade, com diversos meios de acesso e diversas funcionalidades. O Zoom está disponível para dispositivos móveis Android e iOS, computadores com sistema operacional Windows e MAC.

Em sua versão gratuita, é permitida a realização de reuniões com até 100 participantes e com duração de 40 minutos. Existem planos diversos para atender outras demandas, podendo chegar a mil participantes.

Entre as facilidades ofertadas pelo programa, estão gerenciamento e sincronização de agenda, compartilhamento simultâneo de telas, organização de demandas para livre expressão, como criação de enquetes, gravação e transcrição da reunião, com possibilidade de pesquisa de temas abordados, redirecionamento de participantes para microrreuniões dentro de um mesmo acesso, criação de *brainstorms* (momento interativo para montagem de painéis e participação simultânea de todos os membros) e outras funcionalidades relativas a um uso mais lúdico.

7.3.7 Skype

O Skype é uma das plataformas para reunião *on-line* mais antigas, mas que vem se modernizando constantemente para atender às demandas. Assim como os demais aplicativos, sua principal funcionalidade é promover conversas de texto, áudio ou vídeo, individuais ou em grupo, de maneira *on-line*.

Um dos principais diferenciais do Skype é ofertar um sistema que permite fazer chamadas para telefones fixos e móveis – com a cobrança de uma taxa – e envio de SMS. O aplicativo pode ser baixado em computadores, *tablets* e *smartphones*, ou ser usado em sua versão *web* e até mesmo por programas de assistência virtual, como a Alexa.

Ainda de acordo com o *site* da plataforma, as reuniões hospedam até 100 participantes, permitem gravações e ofertam o recurso de legendas em tempo real (que podem ser utilizadas para a tradução de idiomas). Funcionalidades como pesquisas dentro das conversas, caixa postal, compartilhamento de localização espacial, uso da Cortana (sistema próprio de inteligência artificial, para pesquisas rápidas), entre outras, também estão disponíveis no Skype.

7.3.8 Google Meet

Mais uma opção de aplicativo para reunião remota é o Google Meet. A plataforma oferece diversos planos, gratuitos e pagos, com capacidade para chamadas com até 250 participantes e que podem chegar a 24 horas de duração. Para seu uso, não é preciso ter um *app* próprio instalado no computador ou celular, basta acessar as videochamadas por meio de um *link* gerado.

Uma de suas principais vantagens é ser compatível com outros produtos do Google G Suite, permitindo, por exemplo, que os compromissos marcados fiquem registrados na agenda dos participantes.

Segundo o *site* da empresa, entre as principais funcionalidades do programa estão a possibilidade de gravação e armazenamento de reuniões (serviço ofertado para contas com plano contratado), geração de legendas automáticas, incluindo tradução simultânea, possibilidade de fixar participantes na tela, mover participantes para salas temáticas, criação de enquetes, participação anônima e outras.

Existem ainda muitas plataformas para reuniões remotas, como a Discord e o Teams, todas com várias similaridades, cabendo a escolha ser definida com a que ofertar melhores condições, baseadas nas demandas do trabalho.

7.3.9 WHATSAPP

A plataforma de envio de mensagens instantâneas que surgiu como alternativa ao sistema de SMS vem se modernizando cada vez mais. Seu uso oferece diversas possibilidades, como envio e recebimento de arquivos de mídia: mensagens de textos, fotos, vídeos, documentos, localização, além de chamadas de vídeo e de voz. Ele pode ser acessado por *smartphones*, computadores e uma versão para *tablets* está em desenvolvimento.

Por essas funcionalidades, também é usado na formação de grupos de comunicação (com até 256 participantes) e em reuniões com até 50 participantes. O programa ainda permite envio de mensagens em massa, por meio da funcionalidade da lista de transmissão.

Esses grupos podem ser gerenciados de diversas formas pelos administradores, que detêm sua organização, incluindo ou removendo participantes, permitindo ou não que também possam enviar comunicações no grupo, portanto pode ser um grupo somente para envio de mensagens, sem a possibilidade dos demais interagirem.

É possível instalar a versão Business, com a criação de catálogos e recursos automatizados de atendimento.

7.3.10 TELEGRAM

O Telegram também é um serviço de mensagens instantâneas e está disponível para *smartphones, tablets,* computadores e como aplicação *web.* Os usuários podem fazer chamadas com vídeo, enviar mensagens e trocar fotos, vídeos e arquivos (sem limite de tamanho) de qualquer tipo.

A capacidade de suporte de seus grupos chega a 200 mil membros e os participantes têm seu número de contato mantido anonimamente, não sendo possível que participantes dos mesmos grupos tenham acesso a essa informação.

O programa ainda permite criar canais de comunicação, que, segundo informações da plataforma, são uma ferramenta para transmitir mensagens para grandes públicos, com a mensagem assinada com o nome e a foto do canal em vez de seu nome particular. A criação de um nome de usuário permite, inclusive, que qualquer pessoa possa encontrá-lo na plataforma e entrar em contato, recurso bastante promissor para criação de canais de comunicação para candidatos.

7.3.11 SLACK

Essa plataforma é um meio de organizar a junção de pessoas e materiais, concentrando o material de trabalho dentro de suas pastas e arquivos. Segundo a plataforma, é possível criar vários canais de comunicação, com diversos integrantes, abrir *chats* individuais e compartilhamento de conteúdo.

Ele pode ser conectado a outros programas e plataformas, acumulando para si toda a organização e criando, em um único espaço, uma junção de informações. Assim como outras plataformas de comunicação, ele permite fazer chamadas em vídeo, gerenciar agendas e troca de arquivos sem trocar de tela.

7.3.12 Mailchimp

O Mailchimp é uma ferramenta para gerenciar o envio de *e-mails* em massa para listas de contatos que permite visualizar estatísticas de abertura e classificar os contatos pelo nível de interação com o material recebido. Nessa plataforma, também é possível utilizar modelos de mensagens predefinidos, agendar envios e realizar testes A/B.

A plataforma conta com inteligência artificial que visa aperfeiçoar seu conteúdo, comparando-o a conteúdos de outras campanhas de alto desempenho. Há também recursos de segmentação, sincronização com outras ferramentas, automação e monitoramento constante.

A plataforma oferta alguns serviços gratuitos e planos simples e mais completos.

7.3.13 Canva

Trata-se de uma plataforma de criação gráfica que dispõe de vários modelos prontos, em vários formatos, modeláveis para qualquer meio de comunicação que se almeje usar. Uma vez definido o estilo da arte, é só alterar os textos e selecionar as fotos e ilustrações. A plataforma disponibiliza um grande acervo gratuito, suficiente para uma comunicação visual de baixo custo.

Muitas ferramentas estão disponíveis e permitem uma boa edição e criação de *cards*, convites, documentos etc. Há a possibilidade de conexão com outras plataformas, agendamento de postagens em redes sociais e criação de equipes de trabalho compartilhado.

7.3.14 TRELLO

O Trello é um *software* de gestão de comunicação e de organização de fluxos de trabalho ideal para equipes interdependentes. A plataforma torna as informações bastante visuais, em *cards* personalizáveis e que permitem aos gestores o controle do andamento de todos os projetos das equipes, acompanhando métricas, criando e delegando tarefas, definindo cronogramas e muito mais.

Sua *interface* é bastante intuitiva e o *software* ainda pode ser integrado com outras plataformas e programas.

> **Para saber mais**
>
> OUR BRAND is Crisis (Especialistas em crises). Direção: David Gordon Green. EUA: Warner Bros. Pictures, 2015. 107 min.
>
> O filme é um relato fictício, baseado no documentário homônimo de 2005, que mostra como uma empresa de consultoria política americana, com vasta experiência em campanhas de eleição, ajudou a salvar a candidatura do ex-presidente Gonzalo Sánchez de Lozada na eleição presidencial boliviana de 2002. Embora o filme trate de um caso fictício, ele demonstra como decisões são tomadas em ambientes de pressão e como o planejamento prévio ajuda a minimizar o estresse causado. Traz efetiva ligação com o conteúdo abordado neste capítulo, mostrando como os chefes de campanha são fundamentais em sua condução e como é necessário que sejam profissionais da área.

Síntese

Neste capítulo, apresentamos ensinamentos e dicas valiosas de como organizar a equipe de trabalho de uma campanha, como seleção das lideranças e de profissionais especializados, montagem de equipes e uso de ferramentas para o trabalho. Como explicamos, o candidato ou o coordenador da campanha não conseguem controlar todas as questões e decisões que uma campanha exige, portanto contratar bons profissionais e estipular lideranças é essencial. Assim, delegar tarefas é fundamental, traçando modos de acompanhar as ações de todos os profissionais envolvidos.

Esclarecemos, ainda, que algumas funções devem ser exercidas por profissionais qualificados, como: coordenador da campanha, que deve ser de extrema confiança do candidato e saber como o candidato pensa (para tomar decisões por ele), mas também saber a hora de decidir com base em estratégias; uma equipe de comunicação efetiva, com profissionais de imagem e texto; profissionais na contabilidade e do direito, fundamentais para a regulamentação de toda campanha; mobilizadores e articuladores, pessoas que acreditem no potencial do candidato, para defender e disseminar suas ideias e projetos.

Por fim, indicamos algumas ferramentas de trabalho, úteis para agilizar processos e otimizar tarefas e relações. Existem muitas ferramentas disponíveis no mercado (pagas e gratuitas), e a escolha de quais serão utilizadas deve ser reflexo das necessidades e do orçamento da campanha, além de considerar as preferências e as aptidões das equipes para utilizá-las.

Questões para revisão

1. Assinale a alternativa **incorreta** sobre a gestão de equipes:

a) É a prática de delegar tarefas, controlar ações da campanha eleitoral em um ambiente de sinergia, no qual todos os colaboradores estejam alinhados com os objetivos e trabalhando de modo colaborativo e produtivo.

b) O objetivo da gestão de equipes é aproveitar o que cada um tem a oferecer, dentro das respectivas habilidades, em favor da função política, otimizando as tarefas de acordo com o que fazem melhor (sempre que possível).

c) Para uma gestão de equipes eficiente, é preciso contratar profissionais experientes e adequados as muitas funções que existem nas campanhas eleitorais, sobretudo àquelas que exigem conhecimento técnico, como advogados e contadores.

d) Todos os envolvidos na campanha precisam ser conhecidos do candidato, fator primordial para as contratações, preenchendo os cargos de acordo com a proximidade: parentes e amigos são lideranças; conhecidos são subordinados.

e) Uma boa gestão implica também promover um ambiente de trabalho que seja amistoso, colaborativo e positivo, para motivar os colaboradores, cuidar da saúde mental de todos e conseguir os melhores resultados.

2. Analise as afirmações sobre as ferramentas de gestão e indique V para as verdadeiras e F para as falsas.

( ) São *softwares* de gerenciamento e organização de ações, dados e informações, que otimizam o trabalho das equipes e evitam erros de gestão nas campanhas eleitorais.

( ) São mecanismos com diversas funções, desde as mais simples, como organizar as agendas dos candidatos, disparar *e-mails* e SMS, até o controle financeiro dos gastos das campanhas.

( ) São *softwares* espiões que tanto levantam dados e informações sobre os próprios candidatos quanto de seus concorrentes, permitindo planejar ações para neutralizar os ataques adversários.

( ) Somente o uso das versões pagas gera resultados satisfatórios, por permitirem utilização em larga escala, o que é ideal a todo tipo de campanhas políticas.

Agora, assinale a alternativa que apresenta a sequência correta:
a) V, F, V, F.
b) V, V, F, V.
c) V, V, F, F.
d) F, V, F, F.
e) F, V, F, V.

3. Assinale a alternativa que define corretamente as principais funções das equipes de campanha:
   a) Coordenação, comunicação, mobilização, articulação e agenda, jurídico e contábil.
   b) Financeiro, jurídico, comunicação, apoiadores, militância e voluntários.
   c) Comunicação, agenda, voluntários, apoio, mobilização e jurídico.

d) Coordenação, comunicação, mobilização, apoio e jurídico e voluntários.

e) Comunicação, articulação e agenda, corporativo, transporte e mobilização.

4. Quais fatores devem ser levados em conta para a escolha de *softwares* de trabalho?

5. Qual a importância do uso de ferramentas de geoprocessamento e segmentação?

Questão para reflexão

1. Candidato e coordenador (ou chefe) de campanha devem estar totalmente alinhados, com uma relação de mútua confiança para que o andamento da campanha seja o mais produtivo possível. Como definir a autonomia de cada um fazendo com que divergências de opinião sejam minimizadas pela previsão antecipada de responsabilização? Elabore um texto escrito com suas considerações e compartilhe com seu grupo de estudo.

Considerações finais

Nossos estudos nos levaram a compreender que o marketing político busca amplificar e tornar pública as atividades dos detentores de cargos públicos, visando potencializar uma imagem positiva perante um público mais amplo. O marketing eleitoral, por sua vez, concentra-se na campanha eleitoral e na persuasão de uma parcela da população que se identificará com os candidatos.

Nestas páginas, ressaltamos que tanto o marketing político quanto o eleitoral envolvem a racionalização das práticas políticas em ações estratégicas para maximizar o trabalho de um político ou de um candidato específico. O limite conceitual entre essas duas áreas está se tornando cada vez mais tênue, uma vez que os políticos buscam promover sua imagem e estabelecer conexões cotidianamente com os eleitores. Nesse contexto, os limites legais para a atuação profissional são de extrema importância.

Ao examinarmos as diferentes teorias sobre o comportamento do voto, compreendemos que os eleitores votam de acordo com uma combinação de fatores individuais, sociais e econômicos. A compreensão sobre a importância das pesquisas de opinião no marketing político e eleitoral também foi essencial em nossa abordagem.

Ressaltamos que o marketing político e eleitoral é um campo em constante evolução, inclusive em seu aspecto legal. Sendo assim, as estratégias e técnicas aqui apresentadas são apenas um ponto de partida para os profissionais e estudantes, que devem estar abertos a novas abordagens e dispostos a se adaptar às demandas e tendências. Por meio da combinação entre conhecimentos teóricos, habilidades práticas e uso adequado das ferramentas disponíveis, é possível construir campanhas políticas eficazes e estabelecer conexões significativas com os eleitores, inclusive em anos não eleitorais.

Desejamos muito sucesso nessa jornada no campo do marketing político e eleitoral e que este livro seja um guia inspirador para alcançar resultados excepcionais e promover transformações positivas na esfera política. Lembre-se, sempre, de aproveitar seu potencial, explorar as oportunidades e contribuir para fortalecer a democracia por meio de estratégias éticas e eficazes.

Referências

ALBUQUERQUE, A.; TAVARES, C. Horário gratuito de propaganda eleitoral: estilos, estratégia, alcance e desafios para o futuro. In: FIGUEIREDO, A.; BORBA, F. (Org.). **25 anos de eleições presidenciais no Brasil**. Curitiba: Appris, 2018. p. 147-170.

ARISTÓTELES. **Retórica**. Tradução de Edson Bini. São Paulo: Edipro, 2011.

AULER, M. 1989: eleição sem fake news, mas "armações" contra Lula. **Brasil 247**, 16 dez. 2019. Disponível em: <https:// www.brasil247.com/blog/1989-eleicao-sem-fake-news- mas-armacoes-contra-lula>. Acesso em: 7 ago. 2023.

BARBOUR, R. **Grupos focais**. Porto Alegre: Artmed, 2009.

BASELAB. **Materiais gratuitos**. 2023. Disponível em: <https:// baselab.cc/materiais-gratuitos-completa/>. Acesso em: 7 ago. 2023.

BORBA, F. Medindo a propaganda negativa na TV, rádio, debates, imprensa e Facebook: o caso das eleições presidenciais de 2014. **Intercom: Revista Brasileira de Ciências da Comunicação**, v. 42, n. 1, p. 37-56, jan./abr. 2019. Disponível em: <https:// revistas.intercom.org.br/index.php/revistaintercom/article/ view/2898/2242>. Acesso em: 7 ago. 2023.

BORBA, J. Cultura política, ideologia e comportamento eleitoral: alguns apontamentos teóricos sobre o caso brasileiro. **Opinião Pública**, Campinas, v. 11, n. 1, p. 147-168, mar. 2005.

BOURDIEU, P. **Sobre a televisão**. Oeiras, Portugal: Celta, 2001.

BRASIL. Constituição (1988). **Diário Oficial da União**, Brasília, DF, 5 out. 1988. Disponível em: <https://www.planalto.gov.br/ccivil_03/constituicao/constituicao.htm>. Acesso em: 7 ago. 2023.

BRASIL. Lei n. 4.737, de 15 de julho de 1965. **Diário Oficial da União**, Poder Executivo, Brasília, DF, 19 jul. 1965. Disponível em: <https://www.planalto.gov.br/ccivil_03/leis/l4737.htm>. Acesso em: 7 ago. 2023.

BRASIL. Lei n. 9.096, de 19 de setembro de 1995. **Diário Oficial da União**, Poder Legislativo, Brasília, DF, 20 set. 1995. Disponível em: <https://www.planalto.gov.br/ccivil_03/leis/l9096.htm>. Acesso em: 7 ago. 2023.

BRASIL. Lei n. 9.504, de 30 de setembro de 1997. **Diário Oficial da União**, Poder Legislativo, Brasília, DF, 1 out. 1997. Disponível em: <http://www.planalto.gov.br/ccivil_03/leis/L9504.htm>. Acesso em: 7 ago. 2023.

BRASIL. Lei n. 13.487, de 6 de outubro de 2017. **Diário Oficial da União**, Poder Legislativo, Brasília, DF, 9 out. 2017a. Disponível em: <https://www.planalto.gov.br/ccivil_03/_ato2015-2018/2017/lei/l13487.htm>. Acesso em: 7 ago. 2023.

BRASIL. Lei n. 13.488, de 6 de outubro de 2017. **Diário Oficial da União**, Poder Legislativo, Brasília, DF, 6 out. 2017b. Disponível em: <https://www.planalto.gov.br/ccivil_03/_ato2015-2018/2017/lei/l13488.htm>. Acesso em: 7 ago. 2023.

BRASIL. Lei Complementar n. 64, de 18 de maio de 1990. **Diário Oficial da União**, Poder Legislativo, Brasília, DF, 21 maio 1990. Disponível em: <https://www.planalto.gov.br/ccivil_03/leis/lcp/lcp64.htm>. Acesso em: 7 ago. 2023.

BUENO, M. do C. D.; D'ANTONA, A. A geografia do censo no Brasil: potencialidades e limites dos dados censitários em análises espaciais. **GEOgraphia**, v. 19, n. 39, p. 16-28, 22 maio 2017. Disponível em: <https://periodicos.uff.br/geographia/article/view/13783/8983>. Acesso em: 7 ago. 2023.

CANVA. **O poder do design ao seu alcance**. 2023. Disponível em: <https://www.canva.com/pt_br/about/>. Acesso em: 7 ago. 2023.

CARLINI-COTRIM, B. Potencialidades da técnica qualitativa grupo focal em investigações sobre abuso de substâncias. **Revista de Saúde Pública**, v. 30, n. 3, p. 285-93, 1996.

CASTRO, M. M. M. de. **Determinantes do comportamento eleitoral**: a centralidade da sofisticação política. 239 f. Tese (Doutorado em Ciência Política) – Universidade Cândido Mendes, Rio de Janeiro, 1994.

CERVI, E. U. **Opinião pública e comportamento político**. Curitiba: InterSaberes, 2012.

CHAGAS, V.; MODESTO, M.; MAGALHÃES, D. O Brasil vai virar Venezuela: medo, memes e enquadramentos emocionais no WhatsApp pró-Bolsonaro. **Esferas**, n. 14, p. 1-17, 13 ago. 2019. Disponível em: <http://dx.doi.org/10.31501/esf.v0i14.10374>. Acesso em: 7 ago. 2023.

DOWNS, A. **Uma teoria econômica da democracia**. Tradução de Sandra Guardini T. Vasconcelos. São Paulo: Edusp, 1999. (Coleção Clássicos).

ELEGIS. **Como um sistema CRM pode ajudar na gestão de gabinete?** 2023. Disponível em: <https://www.elegis.com.br/como-um-sistema-crm-pode-ajudar-na-gestao-de-gabinete/>. Acesso em: 7 ago. 2023.

ENTREATOS. Direção: João Moreira Salles. Brasil: Videofilmes; Globo, 2004. 117 min.

FERNANDES, H. Opinião pública e pesquisas de opinião In: DANTAS, H.; LUZ, J. (Coord.). **Ciência política e políticas de educação:** conceitos e referências. Rio de Janeiro: Fundação Konrad Adenauer Stiftung, 2021. p. 598-612.

FIGUEIREDO, M. **A decisão do voto:** democracia e racionalidade. 2. ed. Belo Horizonte: Ed. da UFMG, 2008.

FIGUEIREDO, R. O marketing político: entre a ciência e a razão. In: FIGUEIREDO, R. (Org.). **Marketing político e persuasão eleitoral.** São Paulo: Fundação Konrad Adenauer Stiftung, 2000. p. 11-41.

FRATINI, J. (Org.). **Campanhas políticas nas redes sociais:** como fazer comunicação digital com eficiência. São Paulo: Matrix, 2020.

GARIMPEIROS do voto. Direção: Ernesto Rodrigues. Brasil: Globo, 2018. 71 min.

GATTI, B. **Grupo focal na pesquisa em ciências sociais e humanas.** Brasília: Liber Livro, 2005. (Série Pesquisa em educação).

GIBSON, R.; ROMMELE, A. A Party-Centred Theory of Professionalizes Campaigning. **Harvard International Journal of Press Politics,** v. 6, n. 4, p. 31-43, 2001.

GOMES, W. et al. 'Politics 2.0': a campanha on-line de Barack Obama em 2008. **Revista de Sociologia e Política**, v. 17, n. 34, p. 29-43, out. 2009. Disponível em: <https://revistas.ufpr.br/rsp/article/view/29344/19108>. Acesso em: 7 ago. 2023.

GONDIM, S. Grupos focais como técnica de investigação qualitativa: desafios metodológicos. **Paidéia**, v. 12, n. 24, p. 149-161, 2003. Disponível em: <https://www.scielo.br/j/paideia/a/8zzDgMmCBnBJxNvfk7qKQRF/?lang=pt>. Acesso em: 7 ago. 2023.

GOOGLE MEET. **Página inicial**. 2023. Disponível em: <https://meet.google.com/>. Acesso em: 7 ago. 2023.

GOOGLE WORKSPACE. **Como as equipes de todos os tamanhos se conectam, criam e colaboram.** Disponível em: <https://workspace.google.com/intl/pt-BR/>. Acesso em: 7 ago. 2023.

GRANOVETTER, M. The Strength of Weak Ties. **American Journal of Sociology**, v. 78, n. 6, p. 1.360-1.380, 1973.

INSTITUTO UPDATE. **Estratégias de campanhas eleitorais.** Disponível em: <https://www.institutoupdate.org.br/wp-content/uploads/2019/05/cartilha_toolkit1.pdf>. Acesso em: 7 ago. 2023.

IESP nas eleições. Disponível em: <https://www.youtube.com/@iespnaseleicoes3832>. Acesso em: 7 ago. 2023.

KOTLER, P.; KARTAJAYA, H.; SETIWAN, I. **Marketing 4.0**: do tradicional ao digital. Rio de Janeiro: Sextante, 2017.

KUNTZ, R. A. **Marketing político**: manual de campanha eleitoral. São Paulo: Global, 1986.

MAILCHIMP. **Fomos feitos para negócios em expansão.** Disponível em: <https://mailchimp.com/pt-br/why-mailchimp/>. Acesso em: 7 ago. 2023.

MALHOTRA, N. K. **Pesquisa de marketing**: uma orientação aplicada. 4. ed. Porto Alegre: Bookman, 2006.

MANIN, B. As metamorfoses do governo representativo. **Revista Brasileira de Ciências Sociais**, v. 10, n. 29, p. 5-34, out. 1995. Disponível em: <http://anpocs.com/images/stories/RBCS/rbcs29_01.pdf>. Acesso em: 7 ago. 2023.

MEISTER TASK. **Seu time alinhado**. Disponível em: <https://www.meistertask.com/pt>. Acesso em: 7 ago. 2023.

MELLO, P. C. Empresários bancam campanha contra o PT pelo WhatsApp. **Folha de S.Paulo**, 18 out. 2018. Disponível em: <https://www1.folha.uol.com.br/poder/2018/10/empresarios-bancam-campanha-contra-o-pt-pelo-whatsapp.shtml>. Acesso em: 7 ago. 2023.

MERTON, R. The Focused Interview and Focus Groups. **Public Opinion Quartely**, v. 51, p. 550-566, 1987.

MERTON, R.; KENDALL, P. The Focused Interview. **American Journal of Sociology**, v. 51, n. 6, p. 541-57, May 1946. Disponível em: <https://www.jstor.org/stable/2770681>. Acesso em: 7 ago. 2023.

METER, G. **Estratégia parlamentar**. Disponível em: <https://www.youtube.com/@estrategiaparlamentar>. Acesso em: 7 ago. 2023.

MINDMEISTER. **Tudo começa com uma ideia**. Disponível em: <https://www.mindmeister.com/pt>. Acesso em: 7 ago. 2023.

MORGAN, D. **Focus Groups as Qualitative Research**. Thousand Oaks, CA: Sage Publications, 1997.

MORGAN, D. **The Focus Group Guidebook**. Thousand Oaks, CA: Sage Publication, 1998. (Focus Group Kit 1).

MOURA, M.; CORBELLINI, J. **A eleição disruptiva**: por que Bolsonaro venceu. São Paulo: Record, 2019.

OUR Brand is Crisis (Especialistas em crises). Direção: David Gordon Green. EUA: Warner Bros. Pictures, 2015. 107 min.

PANEBIANCO, A. **Modelos de partido**: a organização e poder nos partidos políticos. São Paulo: M. Fontes, 2005.

PAULA, C. A eleição despercebida e a revisão de expectativas. **IREE**, 30 out. 2020. Disponível em: <https://iree.org.br/a-eleicao-despercebida-e-a-revisao-de-expectativas/>. Acesso em: 7 ago. 2023.

PAULA, C. Marketing político. In. DANTAS, H.; LUZ, J. (Org.) **Ciência Política e Políticas de Educação**. Rio de Janeiro: Fundação Konrad Adenauer, 2021. p. 498-510.

PAULA, C. **O que faz um senador? Um estudo sobre a representação política dos senadores brasileiros**. Curitiba: Appris, 2018.

PAULA, C.; CARVALHO, A. Mídia e governabilidade: o que esperar da relação do Executivo Federal com a grande mídia tradicional? In: DANTAS, H. (Org.). **Governabilidade**. Rio de Janeiro: Konrad Adenauer Stiftung, 2018. p. 145-162.

PAULA, C.; FERES JÚNIOR, J. (Org.). **Eleições 2018 e a crise da democracia brasileira**. Curitiba: Appris, 2019.

PAULA, C.; SOUZA, C. A de; ALVIM, F. F. Pesquisa eleitoral. In: SOUZA, C. A. de et al. (Coord.). **Dicionário das eleições**. Curitiba: Juruá, 2020. p. 527-528.

PEÇANHA, V. O que é marketing de conteúdo? Tudo que você precisa saber para se tornar um especialista no assunto. **Rock Content**, 7 abr. 2020. Disponível em: <https://rockcontent.com/br/blog/marketing-de-conteudo/>. Acesso em: 7 ago. 2023.

PINHEIRO, C. As mudanças no financiamento de campanha para as eleições de 2018. In: PAULA, C.; FERES JÚNIOR, J. (Org.). **Eleições 2018 e a crise da democracia brasileira**. Curitiba: Appris, 2019. p. 152-156.

PLASSER, F. Parties Diminishing Relevance for Campaign Professionals. **The International Journal of Press/Politics**, v. 6, n. 4, p. 44-59, Sept. 2001. Disponível em: <https://www.researchgate.net/publication/249809042_Parties'_Diminishing_Relevance_for_Campaign_Professionals>. Acesso em: 7 ago. 2023.

REZ, R. **Marketing de conteúdo**: a moeda do século XXI. São Paulo: DVS, 2017.

SALLES, M.; LOIOLA, P. **Construindo campanhas**: o caminho para a eleição. São Paulo: Rede de Ação Política pela Sustentabilidade, 2020.

SCHULMAN, C.; MOURA, M. Agregar é preciso: inovação em pesquisa eleitoral. In: HOFFMANN, B. (Org.). **Marketing político no Brasil**. São Paulo: Geração, 2022. p. 193-203.

SCHWABER, K. About Scrum.org. **Scrum Org**. Disponível em: <https://www.scrum.org/about>. Acesso em: 7 ago. 2023.

SINEK, S. **Comece pelo porquê**. Tradução de Paulo Geiger. Rio de Janeiro: Sextante, 2018.

SIQUEIRA, A. Marketing de conteúdo: tudo o que você precisa saber. **Resultados Digitais**, 2021. Disponível em: <https://resultadosdigitais.com.br/marketing/o-que-e-marketing-de-conteudo/>. Acesso em: 7 ago. 2023.

SKYPE. **Ótimas chamadas de vídeo com o Skype**. 2023. Disponível em: <http://www.skype.com/pt-br>. Acesso em: 7 ago. 2023.

SLACK. **Feito para as pessoas**. Disponível em: <https://slack.com/intl/pt-br/integrations>. Acesso em: 7 ago. 2023.

TELEGRAM. **FAQ**: para quem é o Telegram? Disponível em: <https://telegram.org/faq#p-para-quem-e-o-telegram>. Acesso em: 7 ago. 2023.

TELLES, H. de S.; LOURENÇO, L. C.; STORNI, T. P. L. Partidos, campanhas e voto: como o eleitor decide nas municipais. **Sociedade e Cultura**, Goiânia, v. 12, n. 1, p. 91-116, jan./jun. 2009. Disponível em: <https://revistas.ufg.br/fcs/article/view/6903/4958>. Acesso em: 7 ago. 2023.

THE SQUARE (A Praça Tahrir). Documentário. Direção: Jehane Noujaim, Egito/EUA: Noujaim Films, 2013. 105 min.

TRELLO. **Sobre o Trello**. Disponível em: <https://trello.com/about>. Acesso em: 7 ago. 2023.

TSE – Tribunal Superior Eleitoral. **Consulta às pesquisas registradas**. 2023. Disponível em: <https://www.tse.jus.br/eleicoes/pesquisa-eleitorais/consulta-as-pesquisas-registradas>. Acesso em: 7 ago. 2023

TSE – Tribunal Superior Eleitoral. **Financiamento coletivo de campanhas para as Eleições 2022 está permitido desde domingo (15)**. 11 ago. 2022a. Disponível em: <https://www.tse.jus.br/comunicacao/noticias/2022/Maio/financiamento-coletivo-de-campanhas-para-as-eleicoes-2022-esta-permitido-desde-domingo-15>. Acesso em: 7 ago. 2023.

TSE – Tribunal Superior Eleitoral. **Fundo eleitoral × fundo partidário**: entenda a diferença. 19 jan. 2023b. Disponível em: <https://www.tse.jus.br/comunicacao/noticias/2021/Novembro/fundo-eleitoral-x-fundo-partidario-entenda-a-diferenca>. Acesso em: 7 ago. 2023.

TSE – Tribunal Superior Eleitoral. **Partidos políticos receberam R$ 1,7 bilhão do Fundo Eleitoral em 2018**, 18 jan. 2019a. Disponível em: <https://www.tse.jus.br/comunicacao/noticias/2019/Janeiro/partidos-politicos-receberam-r-1-7-bilhao-do-fundo-eleitoral-em-2018>. Acesso em: 7 ago. 2023.

TSE – Tribunal Superior Eleitoral. **TSE recebe R$ 2 bilhões de verbas do Fundo Eleitoral para as Eleições Municipais de 2020**, 11 ago. 2022b. Disponível em: <https://www.tse.jus.br/comunicacao/noticias/2020/Junho/tse-recebe-r-2-bilhoes-de-verbas-do-fundo-eleitoral-para-as-eleicoes-municipais-de-2020>. Acesso em: 7 ago. 2023.

TSE – Tribunal Superior Eleitoral. Resolução n. 23.600, de 12 de dezembro de 2019. **Diário da Justiça Eletrônico do Tribunal Superior Eleitoral**, Brasília, DF, 19 dez. 2019b. Disponível em: <https://sintse.tse.jus.br/documentos/2019/Dez/19/diario-da-justica-eletronico-tse/resolucao-no-23-600-de-12-de-dezembro-de-2019-dispoe-sobre-pesquisas-eleitorais>. Acesso em: 7 ago. 2023.

TSE – Tribunal Superior Eleitoral. Resolução n. 23.607, de 17 de dezembro de 2019. **Diário da Justiça Eletrônico do Tribunal Superior Eleitoral**, Brasília, DF, 27 dez. 2019c. Disponível em: <https://www.tse.jus.br/legislacao/compilada/res/2019/resolucao-no-23-607-de-17-de-dezembro-de-2019>. Acesso em: 7 ago. 2023.

TSE – Tribunal Superior Eleitoral. Resolução n. 23.608, de 18 de dezembro de 2019. **Diário da Justiça Eletrônico do Tribunal Superior Eleitoral**, Brasília, DF, 27 dez. 2019d. Disponível em: <https://www.tse.jus.br/legislacao/compilada/res/2019/resolucao-no-23-608-de-18-de-dezembro-de-2019>. Acesso em: 7 ago. 2023.

UFC – Universidade do Financiamento Coletivo. **Apostila de benfeitoria**. Disponível em: <https://ufc.benfeitoria.com>. Acesso em: 7 ago. 2023.

VEIGA, L. F. **Propaganda política e voto**: o estudo do efeito da persuasão do horário eleitoral – Estado do Rio de Janeiro, 1994, 2º turno. Dissertação (Mestrado em Ciência Política) – Instituto Universitário de Pesquisas do Rio de Janeiro, Rio de Janeiro, 1996.

VITORINO, M. **Comunicação e marketing político**. Disponível em: <https://www.youtube.com/@marcelovitorino>. Acesso em: 7 ago. 2023.

WOLF, M. **Teorias da comunicação**. Lisboa: Presença, 2003.

ZOOM. **Meetings**. Disponível em: <https://explore.zoom.us/pt/products/meetings/>. Acesso em: 7 ago. 2023.

Respostas

Capítulo 1

Questões para revisão

1. a
2. c
3. b
4. A introdução das técnicas *on-line* para o mercado das pesquisas acelerou um processo que vinha em desenvolvimento desde o estágio do marketing 4.0. O uso de *lives* e redes digitais nas eleições de 2020 são fortes exemplos desse impacto.
5. Com os limites cada vez menores entre as atividades do marketing político e do eleitoral, um político precisa estar constantemente em modo campanha, para que seu conteúdo ganhe relevância e atenção do eleitor. O engajamento é buscado para que o senso de comunidade seja criado de modo constante entre representante e representado.

Capítulo 2

Questões para revisão

1. c
2. d
3. a
4. O voto segue a abordagem prospectiva grupal. João está decidindo votar em determinado candidato com base na crença de que esse candidato tem a melhor proposta para implementar políticas que beneficiarão a classe dos estudantes, incluindo ele próprio. Isso indica que João está considerando as promessas e as perspectivas futuras do candidato, alinhando-se com uma abordagem prospectiva de voto.
5. O principal objetivo do uso dessa estratégia é incorporar o medo e insegurança nos eleitores, através de consequências ímpares no caso da vitória do adversário. Essas campanhas são caracterizadas por destacar os pontos fracos, erros ou escândalos dos adversários, muitas vezes com o objetivo de minar sua reputação, sua credibilidade e seu apoio popular. As campanhas negativas podem envolver a veiculação de anúncios de televisão, rádio, jornais, mídias sociais e outros canais de comunicação para espalhar mensagens negativas sobre os oponentes políticos. Essas mensagens podem se concentrar em questões pessoais, políticas, éticas ou até mesmo difamação pura e simples.

Capítulo 3

Questões para revisão

1. c
2. c

3. a
4. A peça central da execução de um grupo focal é o roteiro porque é um componente essencial na condução de grupos focais. Ele fornece orientação, estrutura, consistência e cobertura adequada de tópicos relevantes. Ao mesmo tempo, permite a flexibilidade necessária para se adaptar ao contexto e explorar áreas de interesse emergentes. Um roteiro bem elaborado e aplicado de maneira habilidosa pelo moderador contribui para a obtenção de informações sobre as estratégias de marketing e ajudam a compreender as percepções e as opiniões dos participantes.
5. A técnica de pesquisa mais importante para ouvir com profundidade nichos do eleitorado é o grupo focal, especialmente, porque promove interação e discussão, explora motivações e razões, fornece contexto e compreensão mais profunda, além de permitir maior flexibilidade na exploração de tópicos. Já as pesquisas por meio de *surveys* são mais eficientes para obter uma visão geral da opinião pública e identificar tendências amplas. As duas abordagens têm seus pontos fortes e devem ser consideradas como complementares em uma estratégia abrangente de pesquisa de opinião.

Capítulo 4

Questões para revisão
1. a
2. d
3. b

4. Um bom planejamento estratégico deve considerar a existência de recursos de pessoal e de material e rigorosa análise das linhas de ação e das propostas a serem desenvolvidas, de modo a definir os direcionamentos que serão feitos, conversando com públicos diversos, de acordo com as expectativas destes. Essas ações vão levar mais facilmente o candidato ao alcance dos objetivos, ou seja, o sucesso eleitoral.

5. O principal ponto positivo é avaliar se as ações de campanha são eficientes para diferenciar o candidato de seus concorrentes, mostrando características únicas e marcantes, que vão além das que podem ser compartilhadas: território, bandeiras, partido. Além disso, mapear e quantificar votos é necessário, para um embasamento bastante real da concorrência.

Questão para reflexão

1. Espera-se que o leitor conclua que, nem sempre, uma campanha sairá vitoriosa já no primeiro pleito e, em caso de reeleições, embora as tendências sejam um pouco mais favoráveis, não são garantias de vitória. Muitas vezes, uma campanha ocorre para dar visibilidade ao candidato para que, no futuro, ele já tenha maior credibilidade e autoridade política. Isso pode ser considerado como sucesso. Vencer uma eleição depende também de fatores contextuais que fogem ao controle de qualquer pessoa, com imprevistos e mudanças repentinas de direção por parte dos eleitores, portanto o planejamento estratégico, embora seja a melhor forma de organização, não garante a ninguém a vitória porque existem outros fatores. Uma condição, no entanto, é certa: sem planejamento, as chances de vitória são inexistentes.

Capítulo 5

Questões para revisão

1. O orçamento de uma campanha consiste nos recursos que candidatos e partidos dispõem para despesas, desde o custeio, como pagamentos de serviços, passagens aéreas e de pessoal, até os investimentos nas campanhas eleitorais. As verbas que compõem os orçamentos têm origem nas doações de pessoas físicas e nas fontes de financiamento público.
2. As duas fontes de recursos públicos são o Fundo Eleitoral e o Fundo Partidário. O primeiro é destinado somente ao financiamento de campanhas e liberado no ano da eleição. O segundo é distribuído todo mês para custear as despesas gerais dos partidos.
3. c
4. a
5. e

Questões para reflexão

1. Espera-se que o leitor conclua que a ampliação das desigualdades de recursos é um ponto crítico a ser considerado, pois nem todos os candidatos terão a mesma capacidade de mobilizar recursos financeiros por meio do financiamento coletivo. Isso pode gerar disparidades no acesso a recursos necessários para conduzir campanhas efetivas, favorecendo candidatos com maior visibilidade ou influência prévia. É importante estabelecer regulamentações claras para o financiamento coletivo que garantam a transparência na arrecadação e nos gastos, evitando abusos e assegurando a responsabilização dos candidatos e partidos. Além disso, medidas de incentivo à participação cidadã, como a conscientização sobre a

importância do financiamento coletivo e a promoção de plataformas seguras e acessíveis para as doações, podem ajudar a equilibrar as desigualdades de recursos. A reflexão sobre essas questões é essencial para aprimorar o sistema eleitoral e buscar formas de fortalecer a democracia, garantindo um processo eleitoral mais justo e representativo para todos os cidadãos.

2. Espera-se que o leitor conclua que algumas medidas podem ser bastante importantes para que o financiamento coletivo seja verdadeiramente inclusivo, representativo e equilibrado. São elas: (a) conscientização e educação: promover a conscientização sobre a importância do financiamento coletivo e seus benefícios para a participação cidadã e educar a população sobre as opções disponíveis, sobre como usar as plataformas de doação, o que pode incentivar pessoas de diferentes setores da sociedade a contribuírem para as campanhas de maneira informada e com diversos valores, relativos às suas condições; (b) promoção da diversidade de doadores: incentivar a diversidade de doadores para que o financiamento coletivo seja representativo, o que pode ser alcançado por meio de campanhas de sensibilização específicas para diferentes grupos e incentivando a participação de organizações da sociedade civil e movimentos sociais.

Capítulo 6

Questões para revisão

1. b
2. e
3. a

4. Marketing de conteúdo é uma estratégia focada na criação e na distribuição de conteúdo relevante, como artigos, *e-books* e *posts* nas redes sociais digitais, com os quais os candidatos conquistam a confiança dos respectivos públicos-alvo, transmitindo a imagem de autoridade no assunto.

5. Mobilização é o agrupamento de apoiadores dos candidatos, de modo presencial ou virtual. Ações de rua, como manifestações, passeatas, panelaços, buzinaço, caminhadas, convenções, bandeiraços, receptivo em aeroportos, comícios, carreatas, voos noturnos etc., são mobilizações presenciais. As virtuais são *lives*, *tuitaços*, campanhas de curtidas/descurtidas, abaixo-assinados na internet, combate às *fake news*, entre outras ações.

Questão para reflexão

1. Espera-se que o leitor conclua que garantir que as estratégias de persuasão política sejam utilizadas de maneira ética, transparente e respeitando os princípios democráticos é fundamental para promover um ambiente político saudável e inclusivo. Algumas dessas medidas podem contribuir para esse objetivo: (a) regulamentação e transparência: estabelecer regulamentações claras e transparentes sobre a publicidade e comunicação política, garantindo a divulgação de informações relevantes, fontes confiáveis e a identificação clara de mensagens patrocinadas; (b) educação cívica: promover a educação cívica para que os eleitores se tornem mais conscientes e críticos em relação às estratégias de persuasão política, capacitando-os a avaliar informações, fontes e argumentos de maneira objetiva; (c) participação cidadã: fomentar a participação ativa dos cidadãos no processo político, promovendo espaços de diálogo aberto, debates informados e engajamento com a comunidade;

(d) responsabilização e punição: implementar mecanismos de responsabilização e punição para práticas antiéticas, incluindo a divulgação de informações falsas, manipulação eleitoral e outras formas de comportamento antiético na persuasão política.

Capítulo 7

Questões para revisão

1. d
2. c
3. a
4. Devemos levar em conta, primeiramente, a utilização de *softwares* legais, de acordo com as leis eleitorais em vigência. Em seguida, devemos considerar aqueles que atendam às necessidades da equipe, independentemente de ser o mais famoso ou não. Os *softwares* escolhidos devem ser de fácil compreensão, caso contrário devemos prever a oferta de cursos de instrução para seu uso. Por fim, devemos considerar a utilização de planos condizentes com as necessidades da equipe, levando em consideração que poderão acarretar custos de contratação de pacotes pagos.
5. Com o geoprocessamento, é possível saber onde o eleitorado potencial está localizado, podendo traçar estratégias específicas para alcançar o público de cada região. Também fica mais fácil saber quais regiões necessitam de mais atenção para segmentar e direcionar ações a determinado bairro ou a uma região, de acordo com as necessidades e características destes, por exemplo.

Questão para reflexão

1. Espera-se que o leitor aponte algumas das seguintes medidas e decisões que devem estar previamente alinhadas: (1) estabelecer uma visão compartilhada: desde o início, é importante que o candidato e o coordenador de campanha estejam alinhados quanto aos objetivos e à visão da campanha porque isso cria uma base sólida para a colaboração e ajuda a minimizar divergências; (2) estabelecer claramente as responsabilidades e papéis: desde o início, é importante definir claramente as responsabilidades e os papéis do candidato e do coordenador (ou chefe) de campanha, o que envolve delimitar quais decisões e áreas de atuação cabem a cada um, garantindo que não haja sobreposição ou ambiguidade, e para cada área, deve se estabelecer "quem tem a palavra final"; (3) comunicar-se regularmente: estabelecer uma comunicação aberta e regular entre o candidato e o coordenador de campanha, por meio de reuniões periódicas para discutir o andamento da campanha e os realinhamentos, se necessários; (4) encorajar a troca de ideias e opiniões: embora seja importante definir áreas de responsabilidade, debater sempre pode levar a novas soluções, com visões e soluções mais completas para um problema.

Sobre os autores

Carolina Almeida de Paula é doutora e mestre em Ciência Política pela Universidade do Estado do Rio de Janeiro (Uerj) e pela Universidade Federal do Rio Grande do Sul (UFRGS), respectivamente, e graduada em Ciências Sociais pela Universidade Federal do Paraná (UFPR). É consultora para desenhos de pesquisas quantitativas e qualitativas, ministra cursos de metodologia qualitativa, particularmente para pessoas/instituições interessadas em realizar pesquisas sobre o comportamento de consumidores e cidadãos. Atuou como analista de dados e coordenadora da área qualitativa do instituto Ideia Big Data. Há mais de 15 anos atua em diversas campanhas eleitorais e pesquisas de mercado em todas as regiões do país. Sócia da Phronesis, empresa de consultoria de pesquisa em ciências sociais.

Paulo Loiola Teixeira é mestre em Administração Pública e Governo pela Fundação Getúlio Vargas, com MBA em Gestão de Negócios de Petróleo e Gás pela mesma instituição e MBA em Responsabilidade Social e Terceiro Setor pela Universidade Federal do Rio de Janeiro (UFRJ) e graduado em Administração pelo Centro Universitário da

Cidade (UniverCidade). É sócio-fundador da BaseLab e fundador do PerifaLab. Tem experiência de 15 anos em planejamento estratégico, com passagem por prefeituras e empresas estatais. É docente do curso de Marketing Político do Centro Universitário Internacional Uninter.

Impressão: Reproset